Carsten Bothe

Auf offenem Feuer

Stocker

Carsten Bothe

Auf offenem Feuer

Grillen · Braten · Kochen

2. Auflage

Leopold Stocker Verlag
Graz – Stuttgart

Titelbild: Carsten Bothe, Braunschweig
Sämtliche Bilder im Textteil wurden vom Autor freundlicherweise zur Verfügung gestellt.

Bibliografische Informationen der Deutschen Bibliothek
Die Deutsche Bibliothek verzeichnet diese Publikation in der Deutschen Nationalbibliografie; detaillierte bibliografische Daten sind im Internet über http://dnb.ddb.de abrufbar.

Hinweis:
Dieses Buch wurde auf chlorfrei gebleichtem Papier gedruckt.
Die zum Schutz vor Verschmutzung verwendete Einschweißfolie ist aus Polyethylen chlor- und schwefelfrei hergestellt. Diese umweltfreundliche Folie verhält sich grundwasserneutral, ist völlig recyclingfähig und verbrennt in Müllverbrennungsanlagen völlig ungiftig.

ISBN 3-7020-1036-x
ISBN 978-3-7020-1036-2

Gesamtherstellung: Gorenjski tisk, Kranj — Slowenien

Inhalt

Vorwort

Lieber Leser,

vom Lagerfeuer geht schon seit Jahrtausenden eine ganz eigenartige Faszination aus. Es verspricht Wärme, Geborgenheit und Sicherheit und Nahrung. Es ist ein einzigartiges Gefühl, vor einem Lagerfeuer zu sitzen und dabei den Duft des Feuers zu riechen, das Knacken der Scheite zu hören und die Wärme der Flammen zu spüren. Wenn sich dann noch ein Braten vor dem Feuer dreht und in der Glut Kartoffeln und Zwiebeln backen und heißer Kaffee in der Kanne ist, dann geht es einem wirklich gut.

Jahrhunderte-, wenn nicht gar jahrtausendelang hat der Mensch seine Nahrung am offenen Feuer zubereitet, ohne Ceranfeld und Mikrowelle. Und auch heute noch hüten Menschen in etlichen Teilen der Welt den Brand und bereiten ihre Nahrung auf offenem Feuer zu. Man kann am offenen Feuer eine Vielzahl von Gerichten schnell und einfach zubereiten, und das auch in großen Mengen. Dabei ist das Grillen nur eine Art der Zubereitung, vom Braten am Spieß oder am Strick, vom Garen in der Glut bis zum Kochen im Erdofen reichen die Möglichkeiten, und jede hat ihren eigenen Reiz und Vorteil.

Lieber Leser, es muß ja nicht immer das gegrillte Würstchen sein, probieren Sie einmal eine der vielen Möglichkeiten des Kochens am offenen Feuer aus – und Sie werden vielleicht feststellen: Kochen am offenen Feuer ist mehr als nur Nahrung zuzubereiten, es läßt uns auch eins sein mit unserer Vergangenheit.

Ich wünsche Ihnen gutes Gelingen und guten Appetit!

Carsten Bothe

Braunschweig, im Febuar 2004

Die Einrichtung
der Feuerstelle

Was man für die Lagerfeuerküche benötigt

Im Freien kochen, heißt heute meistens: grillen. Grillen, das ist geselliges Beisammensein, die Küche mit den Elektrogeräten ist nicht weit. Fleisch und Gemüse kommen direkt aus dem Kühlschrank.

Im Freien Kochen, sei es auf einer längeren Wanderung in unwirtlicher Gegend oder einfach, weil es Spaß macht und gut schmeckt, kann weit übers Grillen hinausgehen. Es ist ein Schritt zurück in die wilde Romantik der Vergangenheit, als Trapper, Soldaten oder Handelsreisende sich zwischenzeitlich ein frisch zubereitetes Essen gönnten, denn in der Regel bestand ihre Nahrung aus getrocknetem, geräuchertem oder gepökeltem Fleisch. Denn nur Nahrungsmittel, die nicht verderben konnten – beispielsweise gepökeltes Schweinefleisch, das in Fässern mit Schmalz übergossen wurde –, waren für das Vagabundenleben von Cowboys oder Soldaten geeignet. Aber zwischendurch gab es frisches Fleisch, und das wurde – wie die andere Nahrung auch z. B. Brot, Bohnen usw. – am Lagerfeuer zubereitet.

Auch wenn man dreigängige Menus am Lagerfeuer zubereiten kann, so wird sich die normale Verpflegung auf ein Eintopfgericht und gelegentlich etwas Gebratenes mit einer Beilage beschränken. Dementsprechend wird man mit einer Pfanne (einem Reindl) auskommen, die man auf ein paar Steine stellt. Man kann aber auch ein Dreibein oder einen Pfannenknecht verwenden, um die Pfanne über das Feuer stellen zu können. Hilfreich sind auch eine Schüssel, um das Essen zuzubereiten, Teig zu kneten und hinterher das Geschirr abzuwaschen, und ein Holzbrett zum Schneiden. Es sollte etwas größer sein, dafür nicht so dick, damit es leichter ist.

Stangen

Üblicherweise werden für ein Lagerfeuer zwei Stangen eingeschlagen, die mit einer dritten Stange verbunden werden. Diese Art der Befestigung hat einen entscheidenden Vorteil gegenüber der immer wieder gesehenen Dreibeinform: Man kann an einem Dreibein immer nur einen Topf aufhängen und diesen auch nicht einfach vom Feuer schieben. Der Vorteil des Dreibeins ist, es steht etwas stabiler. Man verwendet es, wenn man einen einzigen schweren Topf über das Feuer hängen will.

Rechts eine Stange mit normalem Auge, links mit offenem Auge, in das zwei andere Stangen zum Dreibein eingehängt werden können.

Man kann fertige Stangen kaufen oder sie bei einem Schlosser für wenig Geld anfertigen lassen. Günstige Maße für die Stangen sind:

- Länge über Alles 160–170 cm
- 14 mm Durchmesser
- Innendurchmesser der Öse 60 mm.

So aufgestellt lassen sich mehr Küchenutensilien sauber unterbringen, als wenn die Stangen zu einem Dreibein zusammengestellt sind.

Die Stangen sollten nicht wesentlich kürzer, vor allem aber nicht dünner sein, da sie sonst das Gewicht der Töpfe nicht tragen können. Außerdem verbiegt sich zu dünnes Material, wenn man es in den Boden schlägt, oder die Ösen werden zusammengestaucht, wenn man mit dem Hammer draufschlägt.

Tip: Kaufen Sie Schöpfer (Kellen) und andere Küchengeräte mit einem Haken am hinteren Ende anstatt einer Öse. So können Sie die Dinge ganz einfach an die Stange hängen, und außerdem rutschen sie nicht in den Topf hinein.

Schürhaken

Einen schönen Schürhaken zu besitzen ist eine feine Sache. Eine Zange ist zwar um einiges praktischer, aber am Abend mit dem Schürhaken im Feuer zu stochern, einen Grog zu trinken und mit guten Freunden über Gott und die Welt zu reden, ist unsagbar schön.

Dreifuß (Pfannenknecht)

Um Pfannen oder Töpfe ohne angegossene Füße über die Glut zu stellen, ist ein Dreifuß – gelegentlich auch Pfannenknecht genannt – hilfreich. Wer viel auf weichem Untergrund kocht, der wird einen Dreifuß mit abgewinkelten Füßen kaufen, damit die Auflagefläche größer wird. Auf einer gemauerten Herdstatt ist das nicht notwendig. Für die Höhe gilt: Eine Handbreit ist genau richtig.

Ein einfacher Pfannenknecht ist schnell geschweißt und sollte eine Handbreit hoch sein.

Steine

Mit Steinen kann man sehr leicht eine Feuerstelle bauen. Ideal sind Ziegelsteine, da sie gleich groß sind.

Entweder man nutzt sie, um eine Pfanne oder einen Topf über die Glut zu setzen. Eine andere Möglichkeit ist, daraus mit Hilfe eines Grillrostes einen Grill zu improvisieren.

Zwei Backsteine sind sehr gut geeignet, um eine Kochstelle zu improvisieren.

Ganz ohne Grill geht es auch: Spieße mit Fleisch (Schaschlik) werden mit beiden Enden direkt auf den Steinen abgelegt. Beim Braten am Strick kann man mit den hochkant gestellten Steinen die untergestellte Bratpfanne (mit der das abtropfende Fett aufgefangen wird) vor zu starker Strahlungshitze schützen.

Das Wichtigste: Holz und Holzkohle

Ohne Brennstoff funktioniert die Lagerfeuerküche nicht. Das Lagerfeuer hat drei Zonen: die Flamme, die Glut und die Asche. Alle drei Zonen werden für die verschiedenen Zubereitungsarten benötigt. Sollten Sie also an einem offenen Feuer kochen wollen, so dürfen Sie die Asche nicht entfernen, denn darin kann man wunderbar garen, auch ist sie als Isolationsschicht vor zu starker Hitze des Feuers notwendig.

Als Holz eignet sich am besten trockenes, gesundes Hartholz, wie Buche oder Eiche, unbehandelt und auf Armdicke gespalten. Da der Platz am Lagerfeuer – wenn man es zum Kochen nutzt – immer sehr eng bemessen ist, sind Scheite von 25–30 cm Länge am praktischsten. Mit diesem Holz erzeugt man sich die benötigte Glut, um darauf zu grillen oder zu kochen. Um von einem Feuer ausreichend Glut zu erhalten, sollten zehn bis zwölf dieser Scheite etwa zwei Stunden brennen. Aus dem Gluthaufen entfernt man mit einer

Das Holz sollte in schon gespaltenem Zustand zwei Jahre lang getrocknet worden

Zange die noch rauchenden Stücke und legt sie zusammen, damit sich wieder eine Flamme bildet. Das Qualmen der Scheite verhindert man am einfachsten, indem man diese wieder zu einer Flamme anfacht, der Rauch stoppt augenblicklich. Ein gutes Feuer brennt ohne Rauch und Qualm.

Ausreichend Asche erhält man nur von einem Feuer, das schon einige Stunden gebrannt hat, ideal ist daher ein Feuer vom Vorabend. Der Untergrund der Feuerstelle sollte aus lockerem Sand bestehen, dann vermischt sich die Asche mit dem Sand und isoliert noch besser.

Um auf dem Feuer zu kochen – wenn man schnell eine sehr heiße Feuerstelle benötigt –, nimmt man ausschließlich daumendickes Holz. Dieses fängt schnell Feuer und brennt schnell mit heißer Flamme, die den Topf oder die Pfanne zügig erhitzt. Der Nachteil dabei ist, daß die Töpfe durch den Ruß schnell versotten, daher sollte man auf diese Art der Feuerung nach Möglichkeit verzichten.

Eine große Feuerstelle mit vielen Töpfen

Neben Holz sind Holzkohle oder die daraus gefertigten Holzkohlebriketts bestens für ein Kochfeuer geeignet. Dabei gibt es aber auch riesige Qualitätsunterschiede, und man sollte nicht die schlechteste Qualität nehmen, da Holzkohle oder Holzkohlebriketts von schlechter Qualität qualmt und eine Schlacke aus Steinen und unverkohlte Holzstücke hinterläßt.

Holzkohlebriketts zum Heizen

Um im Garten mit Holzkohle bequem zu kochen, eignet sich z. B. eine Feldschmiede.

Nur in wenigen Häusern befindet sich noch eine offene Herdstatt.

Kaffeekanne

Zum Erhitzen von Wasser und zum Kochen von Kaffee gibt es zwei Kannenformen: Eine

1,2-Liter-Kaffeekanne aus Emaille

hohe Kaffeekanne, die mit der Seite des Ausgießers an das Feuer gestellt wird. Sie erhitzt sich durch die Strahlungswärme, der Henkel bleibt relativ kalt. Zweitens die Teekanne mit der flachen Form und dem oben angebrachten Henkel, sie muß über das Feuer gestellt oder gehängt werden.

Pfanne

Eine Pfanne zum Gebrauch am offenen Feuer stellt etwas andere Anforderungen an Material und Ausführung als eine Pfanne für die Verwendung auf dem heimischen Elektroherd. Zum einen darf sie keine Plastikteile am Griff haben. Auch die Antihaft-Beschichtungen vertragen ein Überhitzen – wie es am offenen Feuer schnell einmal vorkommt – nur sehr schlecht. Aluminium scheidet ganz aus, weil es im Feuer schmelzen kann. Bleibt nur noch Schmiede- oder Gußeisen. Das Schmiedeeisen ist eine gute und billige Lösung für eine kleine Pfanne. Wer aber eine größere Pfanne benötigt, der wird um eine gute Pfanne aus Gußeisen nicht herumkommen. Das Gußeisen bleibt – anders als dünnes Blech – auch bei ungleichmäßiger Erwärmung formstabil. Bei Blechpfannen wölbt sich gerne der Boden, und das Fett sammelt sich in einer Senke, während das Fleisch an anderer Stelle anbrennt. Gußeisen hat noch einen anderen Vorteil: durch die große Masse verteilt eine Gußeisenpfanne die Hitze gleichmäßig. Auch verliert die gußeiserne Pfanne beim Anbraten von Steaks nicht so schnell an Temperatur, wenn man das kalte Fleisch einlegt, daher rühren auch die guten Brateigenschaften. Gußeiserne Pfannen müssen vor der ersten Benutzung eingebraten werden, näheres dazu im Kapitel Dutch-Oven auf Seite 23.

Pfanne von Lodge mit 40 cm Durchmesser

Handschuhe

Am Feuer sollten Sie immer ein Paar hitzebeständige Handschuhe (Schweißerhandschuhe aus dem Baumarkt, Backhandschuhe vom Bäcker) parat haben, falls Sie etwas aus dem Feuer retten müssen.

Beachten Sie aber, bitte, wenn Sie Handschuhe verwenden, daß gerade der Schutz gefährlich werden kann. Die Isolation wirkt nämlich auch im Fall, daß der Handschuh zu brennen beginnt. Das heißt, daß Sie dann

Hitzebeständige Handschuhe machen das Kochen am Feuer bequemer.

unter Umständen das Brennen der Handschuhe zu spät bemerken und sich so arge Verbrennungen zuziehen können.

Auch kochende Flüssigkeiten, z. B. Suppen, sind eine nicht zu unterschätzende Gefahrenquelle. Man merkt auch hier oft durch die Isolation zu spät, daß sich der Handschuh mit kochender Flüssigkeit vollgesogen hat. Die Folgen sind ebenfalls arge Verbrennungen.

Bratenthermometer

Eines der wichtigsten Instrumente für angehende Lagerfeuerköche ist ein einfaches Bratenthermometer. Man muß es ja nicht gleich jedem zeigen, sondern man kann ja heimlich den Braten damit prüfen. Gerade wenn man noch wenig Erfahrung mit den Garzeiten gesammelt hat, kann man Hilfe der Innentemperatur feststellen, ob das Fleisch schon durch ist. Dazu wird das Thermometer in den dicksten Teil des Fleisches gestochen, ohne einen Knochen zu berühren, nach einer Minute kann man die Temperatur ablesen. Der Braten sollte in seiner Mitte wenigsten 70 °C haben.

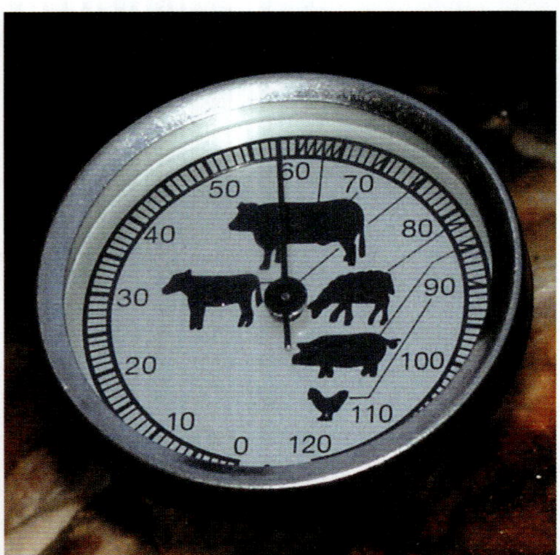

Ein Bratenthermometer mißt die Kerntemperatur und zeigt so den Garzustand des Fleisches an.

Spieße

Um schnell einige kleine Fleischstücke zu braten, eignen sich Spieße hervorragend. Mit Hilfe von zwei Backsteinen ist schnell ein Grill improvisiert. So kann man auch auf der Jagdhütte grillen, ohne durch einen dort lagernden Grill Unbeteiligte zum Grillen während der eigenen Abwesenheit zu verleiten. Sehr gut funktionieren Spieße, die flach und an der Spitze scharf angeschliffen sind.

Fleischspieße: schnell zubereitet und sehr schmackhaft

Grillrost

Ein ordentlicher Grillrost muß aus Gußeisen sein. Nur dann erhält das Fleisch zuverlässig die typischen Brandmuster. Durch die große Masse des Gußeisens entzieht das aufgelegte Grillgut dem Rost nicht so schnell die Wärme.

Ein Grillrost aus Gußeisen ist ein absolutes Muß für jeden Lagerfeuer-Koch.

Nach einigen Sekunden löst sich das Stück von selbst wieder vom Rost. Auch wirft und verwindet sich Gußeisen nicht wie die geschweißten Roste aus Stangen. Auf einem stabilen Rost sollte man auch eine Kanne oder einen Topf über die Glut stellen können.

Topf

Um am offenen Feuer zu kochen, benötigt man keinen Dutch-Oven, aber er ist dafür optimal geeignet. Ein einfacher gußeiserner Topf oder einer aus Blech geht durchaus, er darf nur keine Beschlagteile aus Kunststoff haben. Es gibt auch Töpfe aus Terracotta, die zum langsamen Garen bei niedriger Temperatur gut geeignet sind. Diese Töpfe werden nur in die Nähe des Feuers gestellt und gelegentlich gedreht, sie erhitzen sich durch die Strahlungswärme des Feuers oder durch die angeschaufelte Glut. Ein Bräter aus Emaille ist ideal, um Fleisch im Erdofen zuzubereiten.

Ein Topf zum Kochen am offenen Feuer darf keine Plastik- oder Holzteile besitzen.

Dreibein mit Kessel

Auch wenn – wie schon ausgeführt – das Dreibein Nachteile hat, so ist es zum Aufhängen schwerer Kessel doch ideal. Es steht wesentlich stabiler als andere Konstruktionen und kann zu keiner Seite kippen. Wer gerne mit einem Dreibein kocht, kein Problem: ein

Eine stabile Feldküche mit 30-Liter-Kessel

paar Stangen zusammengesteckt – und fertig ist das Dreibein. Wer es aber öfter verwendet, sollte eventuell überlegen, ob er sich nicht besser eine stabile Ausführung anfertigen lassen sollte.

Ein Dreibein sollte für einen 30-Liter-Kessel mindestens 1,20 Meter hoch sein, damit der Kessel auch bequem zwischen den Beinen Platz hat. Der Kessel wird in die Kette eingehängt, der Abstand zum Feuer wird dadurch

Das Oberteil vom Dreibein ist massiv gefertigt.

Die Füße vom Dreibein besitzen Teller, um nicht im Erdboden zu versinken.

reguliert, daß man die Beine des Dreibeins enger oder weiter stellt. Der Haken an der Kette sollte so sein, daß er nicht versehentlich beim Anhängen des Kessels aushaken und in die Suppe fallen kann.

Ein gutes Dreibein können Sie ganz einfach testen: Stellen Sie es auf, und versuchen Sie, sich darauf abzustützen, das Dreibein muß Ihr Gewicht aushalten. Nur dann können Sie beruhigt einen Kessel mit 30 kg Suppe daran aufhängen. Die meisten aus Rohren gefertigten Dreibeine sind zuwenig stabil.

Schöpfer (Kelle)

Der richtige Schöpfer erleichtert nicht nur im Haushalt die Arbeit, beim Kochen im Freien ist er besonders wichtig. Wen man für viele Personen im Kessel am offenen Feuer kocht, sollte der Schöpfer etwa eine Füllung für einen Teller (400 ml) fassen. Der Stiel des Schöpfers sollte so lang sein, daß er nicht in den Kessel rutschen kann. Am Ende des Stiels sollte er einen Haken haben, mit dem man den Schöpfer am Feuergestell aufhängen kann – sauberes Ablegen ist im Freien nicht immer möglich.

Der Schöpfer (Kelle) sollte lang genug sein, um nicht in den Kessel fallen zu können.

Gabel

Eine lange Gabel ist ein praktisches Utensil, man kann bequem damit das Fleisch umdrehen und ist dabei so weit vom Feuer weg, daß man sich nicht verbrennt.

Bei der Gabel sollte man auf Qualität achten. Wenn man oft am offenen Feuer kocht, lohnt sich eventuell sogar eine Gabel anfertigen zu lassen, da die meisten Grillbestecke, die es zu kaufen gibt, den Anforderungen nicht genügen.

Handgeschmiedete Gabel

Der Dutch-Oven und sein Zubehör

Beim Dutch-Oven handelt es sich um einen gußeisernen Topf, der speziell für das Kochen am offenen Feuer gedacht ist. Die Besonderheit ist der flache Boden mit den drei Beinen und der Deckel mit erhöhtem Rand. Mit den Beinen steht der Dutch-Oven über der Glut, und der Rand am Deckel ermöglicht es, Kohle oder Glut auf den Dutch-Oven zu häufen, um das Gericht auch mit Oberhitze garen zu können.

Es gibt verschiedene Hersteller, der älteste ist die Firma Lodge aus Tennessee in Amerika. Seit über 100 Jahren wird dort der original Dutch-Oven unverändert aus Gußeisen gefertigt. Es gibt auch Dutch-Oven aus Aluminium, die aber nicht zu empfehlen sind (siehe Seite 19). Die Dutch-Oven sind über den Versandhandel erhältlich (siehe Seite 128).

12"-Dutch-Oven von Lodge

Einbraten von Gußeisen

Gußeiserne Pfannen und Töpfe müssen vor dem ersten Gebrauch eingebraten werden. Dazu werden diese zunächst in heißem Wasser gereinigt und abgetrocknet. Danach wird die gesamte Oberfläche – noch heiß durch die Wärme des Wassers – mit geschmacksneutralem pflanzlichem Fett eingerieben. Hierzu eignet sich Kokosfett sehr gut. Das warme Material saugt das Fett regelrecht auf.
So vorbereitet, wird die Pfanne in den Backofen gestellt, um dort mindestens eine Stunde bei 180 °C zu bleiben. Sie sollten reichlich Alufolie unterlegen, um herunterlaufendes Fett aufzufangen. Dann schaltet man den Herd ab und läßt ihn zusammen mit dem Dutch-Oven auskühlen.

Nach dieser Prozedur kann man das Fett nochmals mit einem Küchentuch verreiben. Das Gußeisen ist deutlich nachgedunkelt, und statt der grauen Farbe hat es eine dunkelbraune Färbung angenommen. Bei dieser Behandlung verdampft ein Teil des Fettes und verqualmt unter Umständen Ihre Küche, lassen Sie daher beim Einbraten den Dutch-Oven nicht alleine und lüften Sie gut.

Durch die Benutzung nimmt Gußeisen eine schwarze Patina an, die auch das Anbrennen der Speisen verhindert. Diese müssen Sie erhalten und pflegen. Zum Reinigen waschen Sie Ihren Dutch-Oven lediglich mit heißem Wasser aus. Sollten Speisen angetrocknet sein, dann stellen Sie den Topf mit Wasser noch einmal auf die Glut und lassen das Wasser aufkochen. Mit einer Bürste läßt sich das meiste abschrubben, in ganz hartnäckigen Fällen hilft ein Schwamm aus rostfreiem Edelstahlgeflecht. Man kann auch etwas Salz als Scheuermittel verwenden, aber damit wird die Fettschicht zerstört und Ihr Dutch-Oven muß neu gefettet und eingebraten werden.

Deckelheber

Um mit dem Dutch-Oven bequem arbeiten zu können, ist ein Deckelheber hilfreich. Durch den unten quer angeschweißten Stab verkeilt sich der Deckelheber, und man ist so in der

Mit dem Deckelheber kann man auch den mit Kohlen beladenen Deckel einfach weghängen.

Lage, den Deckel auch mit einer vollen Beladung von glühender Kohle sicher und fest zu greifen und gegebenenfalls abzustellen oder aufzuhängen.

Zange

Die lange Zange ist ein vielseitig verwendbares Werkzeug für den Lagerfeuerkoch. Eigentlich ist sie dafür gedacht, die Scheite im Feuer zu sortieren oder die Holzkohlenbriketts für den Dutch-Oven zu fassen. Die von der amerikanische Firma Lodge gefertigten Zangen aus rostfreiem Edelstahl sind ganz

Der Deckelheber ist ein praktisches Utensil beim Kochen mit dem Dutch-Oven.

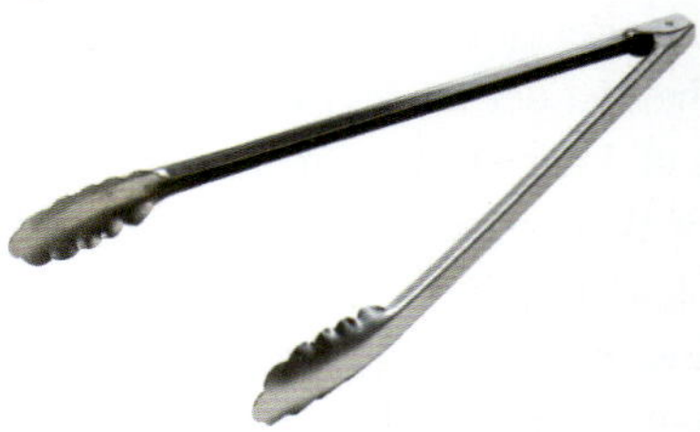

Kohlenzange aus rostfreiem Edelstahl

hervorragend geeignet und haben sich seit Jahren bewährt.

Deckelständer

Dieses praktische kleine Utensil sorgt dafür, daß man den Deckel des Dutch-Oven sauber und sicher abstellen kann. Der Deckel wird – umgedreht auf den Deckelständer gelegt – zu einer Bratpfanne.

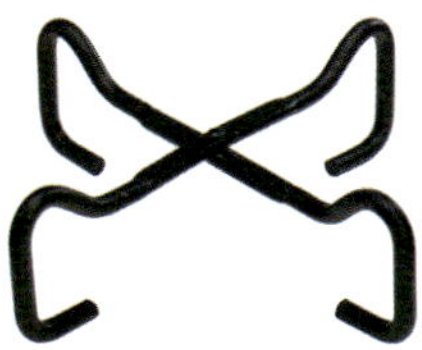

Zusammenfaltbarer Deckelständer

Die Anzahl der Grillbriketts, die eine bestimmte Temperatur ergeben, entnehmen Sie der untenstehenden Tabelle.

Kohlentabelle für Dutch-Oven

	160 °C	175 °C	190 °C	205 °C	220 °C	235 °C
8"	15 10/5	16 11/5	17 11/6	18 12/6	19 13/6	20 14/6
10"	19 13/6	21 14/7	23 16/7	25 17/8	27 18/9	29 19/10
12"	23 16/7	25 17/8	27 18/9	29 19/10	31 21/10	33 22/11
14"	30 20/10	32 21/11	34 22/12	36 24/12	38 25/13	40 26/14
16"	34 22/12	36 24/12	38 25/13	40 27/13	42 28/14	44 30/14

Die erste Zahl ist die Gesamtanzahl, in der unteren Reihe ist die erste Zahl die Anzahl der Kohlen auf dem Deckel, die zweite Zahl die Anzahl der Kohlen unter dem Dutch-Oven.

Allgemeines zum Kochen am Lagerfeuer

Jahrtausendelang hatten die Menschen nur das Lagerfeuer zum Kochen. Aber an einem guten Feuer läßt sich eine Vielzahl an Speisen mit recht wenig Aufwand zubereiten, wenn Sie einige Tips beachten. Zum ersten: kochen Sie niemals auf dem Feuer, sondern immer nur über der Glut. Dann verbrennen Sie sich nicht die Finger beim Rühren im Topf, und zum anderen versotten die Töpfe nicht mit schwarzem Ruß. Ein offenes Feuer ist ohnehin viel zu heiß. Die Feuerstelle sollten Sie teilen: auf dem einen Teil wird gekocht, auf dem anderen brennt das Lagerfeuer und produziert die benötigte Glut. Als Holz eignet sich Hartholz, wie Buche oder Eiche, am besten, Nadelholz ist weniger geeignet. Will man schnell Glut erhalten, sollten die Holzscheite nur maximal zwei Finger dick sein, da diese dann schnell verbrennen. Die Glut wird dann mit einem kleinen Spaten auf den Teil der Feuerstelle geschaufelt, auf dem Sie kochen möchten.

Auf dem Lagerfeuer kann man selbstverständlich auch grillen, dazu lassen Sie das Feuer bis zur Glut runterbrennen, entfernen

Die Aufteilung der Kochstelle: ***1*** *Feuer, um Glut zu produzieren,* ***2*** *Glut zum Grillen oder für Baked Potatoes,* ***3*** *Kochen mit dem Dutch-Oven,* ***4*** *Kaffeekanne,* ***5*** *Tischplatte zum Vorbereiten*

die letzten rauchenden Scheite und legen auf zwei Steinen den Grillrost über die Glut. Dabei haben Sie aber meist nur Zeit – besser gesagt Glut – genug für ein Steak, dann ist das Feuer ausgeglüht, und Sie müssen neue Glut nachschaufeln. Mit Holzkohle können Sie länger grillen.

Das typische Kochgeschirr für das offene Feuer war und ist der Dutch-Oven. Die Bezeichnung kommt aus Amerika, wo sich diese aus Deutschland importierten Töpfe unter dem Namen „Dutch" oder „Deutsch" gehalten haben. Diesen gußeisernen Topf mit den drei angegossenen Beinen stellen Sie direkt auf die Glut, und auf den Deckel kommt weitere Glut, um dem Kochvorgang auch Oberhitze beisteuern zu können. Im Dutch-Oven können Sie die berühmten Baked Beans zubereiten, Brot oder Kuchen backen, Fleisch braten oder schmoren und selbstverständlich auch Eintöpfe kochen. Wer keinen Dutch-Oven besitzt, der kann mit jedem anderen Topf – vorzugsweise Gußeisen – am offenen Feuer kochen.

Jedes Kochen beginnt mit einem großen Feuer, mit dem man die benötigte Glut produziert.

Das Feuer

Kommen wir zum Feuer. Jahrtausendelang war das Feuer in der Mitte des Hauses nicht nur als Wärmequelle das Zentrum des Hauses, sondern auch der Ort, an dem die Nahrung zubereitet wurde. Demzufolge unterscheidet sich ein Wärme- deutlich von einem Kochfeuer. Das Wärmefeuer ist dafür gemacht, möglichst viel Hitze seitlich abzugeben. Es hat dabei einen hohen Aufbau und brennt mit lodernder Flamme. Das Feuer zum Kochen dagegen – nun, es gibt nicht nur eine Feuerart zum Kochen, sondern je nach Garmethode unterscheiden sich die Feuerarten deutlich.

Um über der Flamme zu kochen, reichen einige daumendicke Scheite völlig aus. Sie werden locker sternförmig übereinandergeschichtet und brennen kurz und heiß, um beispielsweise eine Pfanne auf einem Dreifuß zum Anbraten zu heizen.

Locker aufgeschichtet produziert man mit diesem Feuer schnell eine größere Menge Glut.

Um auf der Glut zu braten, benötigt man ein Feuer mit armdicken Hartholzscheiten. Dieses Feuer aus locker geschichteten Scheiten brennt nur, um Glut zu erzeugen, über der man dann Grillen oder mit der man den Dutch-Oven beheizen kann. Man kann aber auch mit Hilfe von Alufolie unter der Glut kochen. Die Glut wird mit einer kleinen Schaufel unter den Scheiten entnommen und etwas abseits auf den Boden der Feuerstelle gelegt. So ist man von der Hitze des glutproduzierenden Feuers entfernt.

Daumendickes Holz heizt hier die Pfanne schnell auf Betriebstemperatur.

Das Holz ist zur Glut verbrannt, die Flammen sind fast erloschen.

Der Boden der Feuerfläche wird bis auf die Asche geräumt. Hier können jetzt Nahrungsmittel zum Garen aufgelegt werden.

Wenn ein Feuer älter geworden ist und schon einige Stunden gebrannt hat, sammelt sich Asche am Boden an. Diese Asche ist ein wichtiger Stoff zum Kochen, ist sie doch in der Lage, die Hitze des Feuers etwas zu isolieren und damit ein gleichmäßiges Garen von beispielsweise Baked Potatoes zu ermöglichen. Also sollte man bei einer offenen Herdstelle die Asche nicht ständig entfernen, sondern nur das „Zuviel" an Asche ab und zu entnehmen.

In der Asche vergräbt man das zu garende Gut und bedeckt es mit weiterer Asche, darüber kommt erst die Glut. So erhält man beispielsweise gebackene Kartoffeln ganz ohne Brandflecken und mit einer völlig intakten Schale.

Die Nahrungsmittel werden wieder mit Asche und Glut bedeckt und können nun garen, ohne zu überhitzen und anzubrennen.

Braten in der Glut

Paprika in der Glut

Ein Paprika am offenen Feuer zubereitet ist eine Delikatesse. Der Paprika wird einfach auf die Glut gelegt, bis er rundum schwarz ist und Blasen wirft. Dann wird in einem Eimer Wasser die schwarze Haut abgerubbelt, bis die Schote wieder ihre ursprüngliche Farbe hat.

Anschließend schneidet man den Paprika in Streifen, würzt diese mit Salz und Pfeffer – und dann muß man es sich nur noch schmecken lassen.

Auf diese Art kann man auch Artischocken, Auberginen oder ganze Knoblauchknollen zubereiten.

Zutaten pro Person

- **½ rote Paprika**
- **Wasser zum Abspülen**
- **Salz und Pfeffer nach Geschmack**

So wird's gemacht!

Die Paprikaschote wird direkt auf die Glut gelegt.

Ist die Haut der Schote schwarz, dann ist der Paprika fertig zum Waschen.

Kartoffeln und Zwiebeln aus der Glut

Kartoffel (Erdäpfel) und Zwiebel aus der Asche mit ihrem rauchigen Geschmack sind überhaupt kein Vergleich mit den Baked Potatoes, die, in Alufolie gewickelt, im Backofen gemacht werden. Es ist ein einfaches Gericht, bei dem aber trotzdem viel schiefgehen kann. Wer hat es als Kind nicht schon probiert und dabei ein Produkt erhalten, das eher an Kohle als an Kartoffel erinnerte?

Zutaten pro Person

- **Kartoffeln und Zwiebeln, die Menge pro Person hängt vom Hunger und von der Größe der Kartoffeln ab**
- **Salz**
- **Butter oder Kräuterbutter**

Die Kartoffeln und Zwiebeln auf den Boden des Feuers legen …

… mit Asche und Glut bedecken …

… nach 20 Minuten mit einer Gabel prüfen, ob die Kartoffeln schon gar sind.

So wird's gemacht!

Zunächst eine etwa 10 cm tiefe Grube graben und darin ein so großes Hartholz-Feuer anzünden, daß reichlich Glut entsteht. Das Feuer sollte möglichst lange brennen – etwa zwei Stunden –, damit auch die Erde unter dem Feuer mit erhitzt wird.

Die Glut wird mit einem Spaten zur Seite geschoben, bis der blanke Boden sichtbar ist. Auch vom Boden wird etwas mit dem Spaten zur Seite geschoben. In die entstandene Grube legt man die Kartoffeln und Zwiebeln. Die Zwiebeln sollten noch möglichst viel Schale haben und mit den Wurzeln nach unten auf die heiße Erde gelegt werden.

Die Kartoffeln und Zwiebeln werden mit der heißen, trockenen Erde und mit Asche bedeckt. Das ist notwendig, damit die Kartoffeln nicht verkohlen. Darüber schichtet man dann etwa zwei Zentimeter Glut. Auf keinen Fall dürfen Sie jetzt ein Feuer über den in der Glut vergrabenen Kartoffeln entfachen.

Nach einer halben bis dreiviertel Stunde schieben Sie vorsichtig die Glut beiseite – die Kartoffeln werden weder schwarz noch verkohlt sein – und testen, ob die Kartoffeln schon durch sind. Dazu stechen Sie die Kartoffeln mit einer Gabel oder einem Messer an.

Wenn die Zwiebeln und Kartoffeln durch sind, gibt man die Zwiebeln geschält auf den Teller. Die Kartoffeln schneidet man in der Mitte durch, gibt auf die Hälften Butter und Salz oder Kräuterbutter und löffelt die Kartoffel aus der Schale. Dieses Gericht paßt sehr gut zum *Schweinefilet aus der Glut* (siehe Seite 42).

Auberginen auf der Glut

So wird's gemacht!

Die Auberginen werden als Ganzes in die Glut gelegt und von allen Seiten geröstet. Zum Umdrehen ziehen Sie entweder dicke Handschuhe an oder benutzen eine lange Zange. Schon nach wenigen Minuten strömt aus einem Riß in der Schale heißer Dampf, ein untrügliches Zeichen, daß die Aubergine gar ist.

Nehmen Sie die Aubergine aus dem Feuer und schneiden Sie sie mit einem scharfen Messer der Länge nach durch. Vorsicht vor dem austretenden heißen Dampf! Die Auberginenhälften bepinseln Sie dann mit kaltgepreßtem Olivenöl und bestreuen sie mit Pfeffer und Salz. Pro Person rechnet man als Vorspeise eine halbe Aubergine.

Eier in der Asche

So wird's gemacht!

Eier muß man nicht immer nur kochen, auch aus der heißen Asche des Lagerfeuers sind sie ein Genuß. Der Trick bei dieser Zubereitungsart ist die lange Garzeit über viele Stunden. Die Eier nehmen einen rauchigen Geschmack an und eine bernsteingelbe Farbe. In der Asche des Lagerfeuers werden die Eier etwa zwei Handbreit vom Feuer entfernt so eingegraben, daß sie von der Strahlungshitze des Feuers langsam gegart werden.

Champignons in der Glut

So wird's gemacht!

Größere Champignons eignen sich besonders gut zum Garen in der Glut. Dazu werden die Stiele aus den Kappen herausgebrochen und in jeden Champignon wird ein halber Teelöffel Kräuterbutter gegeben. Wenn die Champignons innen brodeln, sind sie fertig. Sie sollten nicht zu viele Pilze auf einmal braten, da diese sehr schnell durch sind. Am besten nimmt man die fertigen Champignons mit einer Zange aus der Glut.

Kastanien rösten

So wird's gemacht!

Die Eßkastanien (Maronen) werden in einen Eimer mit Wasser geschüttet. Die obenaufschwimmenden entfernt man, denn diese sind wurmstichig. Dann ritzt man die Kastanien mit einem scharfen Messer kreuzweise ein.

In der Glut oder in einer Pfanne werden die Maronen dann geröstet, bis sie weich sind. Das dauert in der Pfanne um die 20 Minuten, in der Glut nur fünf bis zehn Minuten. Zum Essen schält man eine Marone und ißt sie aus der Hand. Achtung! Nicht angeritzte Kastanien können in der Glut mit einem Knall zerplatzen!

Sie müssen die Kastanien mit einem scharfen Messer kreuzweise anritzen, damit sie beim Rösten nicht platzen.

Steak auf der Glut

So wird's gemacht!

Steaks kann man nicht nur auf einem Grillrost, sondern auch direkt auf der Glut zubereiten. Das Fleisch bekommt dadurch einen leicht rauchigen Geschmack. Das Fleisch – man kann außer Rind, auch Wildfleisch verwenden – wird in dünne, ca. 1 cm dicke Steaks geschnitten und gut abgetrocknet. Es darf nicht vorher gewürzt werden, da die Gewürze verbrennen, und auf keinen Fall gesalzen werden, da dann der Fleischsaft austritt und an dem feuchten Fleisch die Kohle klebt. Für das Feuer – es sollte frisch heruntergebrannt sein – verwendet man bevorzugt Hartholz. Bevor man das Fleisch auf die Glut legt, bläst man kurz hinein, damit die lose Asche davonfliegt. Dann wird das Fleisch auf beiden Seiten gegrillt. Wenn das Fleisch fertig ist, kurz auf dem Teller ruhen lassen und die anhaftenden Kohlestückchen abwischen. Mit Pfeffer und Salz würzen, Kräuterbutter dazugeben – und guten Appetit!

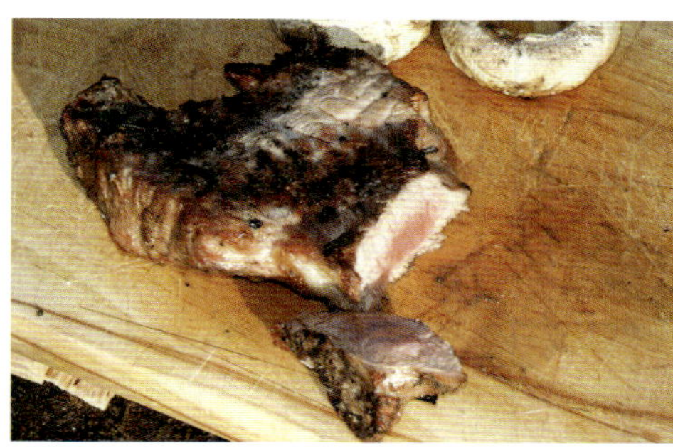

Direkt auf der Glut gegrillt: Ein Genuß!

Bruschetta

Wenn die Gäste am Lagerfeuer etwas selber machen können, dann vervielfachen sich die Freude und das Erlebnis. Brot rösten geht schneller als Fleisch oder Würstchen grillen. Daher hier ein Rezept, daß nicht nur einfach ist, sondern auch noch hervorragend schmeckt.

Zutaten

- **Weißbrotscheiben**
- **Knoblauchknolle**
- **Speiseöl (Olivnöl)**
- **Salz nach Bedarf**

So wird's gemacht!

Für ein Knoblauchbrot braucht man möglichst frischen Knoblauch, den man einfach zehn Minuten auf der Glut gart.

Den weichen Knoblauch streicht man auf die frischen Weißbrotscheiben und bepinselt diese dann mit Öl. Gut eignet sich kaltgepreßtes Olivenöl.

Das Brot spießt man dann auf ein Steckerl, einen Spieß oder eine lange Gabel und hält damit die Scheiben über die Glut.

Seien Sie aber vorsichtig, denn am Anfang nehmen die Scheiben keine Farbe an, dann aber geht es sehr schnell, und wenn man nicht aufpaßt, ist das Brot schwarz.

Garen Sie zuerst den ganzen Knoblauch auf der Glut …

Mit dem Pinsel verteilen Sie das Öl …

… und verstreichen dann den weichen Knoblauch auf dem Weißbrot.

… und rösten dann das Brot über der Glut.

Schweinefilet aus der Glut

Schweinefilet (Lungenbraten) eignet sich besonders gut für die Zubereitung direkt in der Glut, da die Stücke gleichmäßig dick und gleich groß sind, so daß sie gleichmäßig durchgaren.

Das von allen Sehnen befreite Filet wird in einer Mischung aus getrockneten Kräutern gewälzt, bis sich das Fleisch völlig trocken anfühlt.
Das Feuer wird am besten mit einer kleinen Schaufel von der heißen Asche geschoben. In diese macht man eine ungefähr zwei fingerbreit tiefe Mulde und legt das Filet hinein und bedeckt es mit heißer Asche. Darüber kommt die Glut und darüber wiederum das Feuer. Dadurch, daß man das Feuer wieder entfacht, erhält man die höchst mögliche Temperatur. Nach etwa 30 Minuten ist das Fleisch außen gut angebraten und innen noch leicht rosa. Jetzt schieben Sie das Feuer und die Glut beiseite und heben das Fleisch aus der Asche. Eigentlich sollte nur eine ganz leichte Ascheschicht daran haften. Mit einer Bürste läßt sie sich einfach entfernen. Man kann das Fleisch in klarem Wasser abwaschen, muß es aber vor dem Aufschneiden abtrocknen. Pfeffern und salzen darf man erst nach dem Aufschneiden. Dazu serviert man *Kartoffeln und Zwiebeln aus der Glut* (siehe Seite 34).

Zutaten pro Person

- **½ Schweinefilet**
- **getrocknete Kräuter: Majoran, Thymian, Rosmarin**
- **Salz und Pfeffer nach Geschmack**

So wird’s gemacht!

Zunächst ein kräftiges Feuer etwa zwei Stunden unterhalten. Anschließend …

… das mit Kräutern eingeriebene Filet direkt in die heiße Asche legen …

… dann mit der weißen Asche einen Zentimeter dick bedecken …

… darauf Glut aus dem Feuer legen …

… darüber wird ein Feuer angezündet …

… und nach ca. 30 Minuten wird das Feuer von der Feuerstelle geschoben und das Filet entnommen.

Tafelspitz in der Asche

Auch Rindfleisch kann man in der heißen Asche zur Freude jedes Gourmets braten. Der Geschmack ist unvergleichlich.

Mischen Sie die Gewürze, und wälzen Sie das Fleisch in einer Schüssel mit der Gewürzmischung. Das Fleisch soll rundum gut bedeckt und außen dadurch trocken sein. In diesem Gewürzmantel lagern Sie das Fleisch mindestens über Nacht, besser zwei bis drei Tage im Kühlschrank. Zum Braten das Fleisch rundum trockentupfen, das Feuer zur Seite schieben und einen Graben in die Asche ziehen, dann das Fleisch mit der Fettschicht nach oben ablegen. Das Fleisch mindestens fünf Zentimeter hoch mit Asche bedecken und mit reichlich Glut überhäufen und ca. eine Stunde lang ein sehr heißes Feuer darüber unterhalten.

Zutaten

- **2 kg Tafelspitz oder Rumpsteak am Stück**
- **2 Tl geschroteter Pfeffer**
- **5 Tl Zucker**
- **5 Tl Salz**
- **1 Tl geschrotete Chilischoten**

So wird's gemacht!

Der Tafelspitz (oder das Rumpsteak) sollte die Fettschicht oben behalten.

Der mit der Gewürzmischung eingeriebene Tafelspitz sollte einen Tag im Kühlschrank liegen.

Der Tafelspitz kommt in die heiße Asche mit der Fettschicht nach oben.

Nach ca. 1 Stunde unter einem heißen Feuer sieht die Unterseite verkohlt aus.

Die Oberseite sieht noch weniger einladend aus, daher wird das Fleisch abgewaschen.

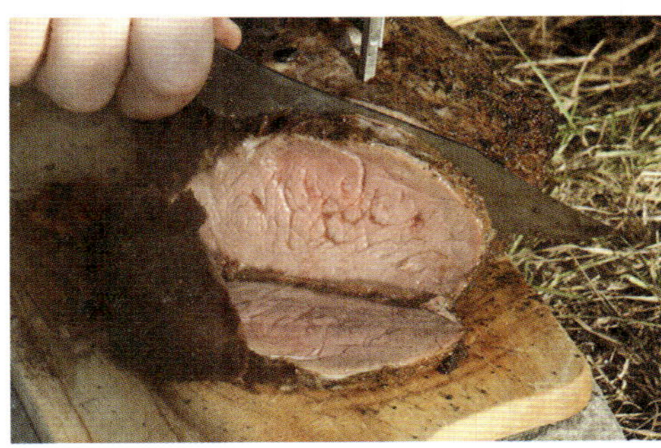

Der Duft und der Geschmack sind einfach unbeschreiblich!

Braten über der Glut

Gans am Strick

So wird's gemacht!

Eine Gans, die auf diese Art am offenen Feuer gebraten wird, ist eine besondere Spezialität. Angenehm an dieser Art der Zubereitung ist, daß die Gans sich durch die lange Schnur, an der sie hängt, fast von selber dreht.

Die Gans wird innen und außen sauber gewaschen. Das Gehackte wird mit der Hälfte der Zwiebeln und den Gewürzen zu einer Masse verknetet, die in die Gans gefüllt wird. Mit den beiden Drahtspießen sticht man von zwei Seiten durch die Gans und verschnürt sie dann mit der Schnur so, daß das Hinterteil der Gans nach oben weist. Der Vogel wird so an der Schnur, die mindestens einen Meter lang sein sollte, direkt neben dem Feuer aufgehängt. Unter die Gans stellt man eine Bratpfanne, um das Fett aufzufangen. Die Gans wird nun mehrmals um die eigene Achse gedreht und wieder losgelassen. So dreht sie sich einige Minuten von selbst, weil sich die Schnur immer wieder auf- und abdreht. Die Garzeit beträgt mindestens drei Stunden. In dem aufgefangenen Fett brät man die Kartoffeln braun, fügt dann die restlichen Zwiebeln dazu und würzt mit Pfeffer, Salz und reichlich Majoran.

Zutaten für 4–6 Personen

- **eine Gans, 4 kg**
- **1 kg Gehacktes vom Schwein**
- **500 g gehackte Zwiebeln**
- **2 kg Kartoffeln in Scheiben**
- **reichlich Majoran, Beifuß, Pfeffer, Salz**
- **zwei Drahtspieße**
- **Schnur** (nicht aus Plastik)

Braten am Spieß

Beim Kochen am offenen Feuer denkt jedermann unweigerlich an einen Spieß, der sich über dem Feuer dreht. Auch wenn diese Vorstellung den Abenteurer in uns befriedigt, kann sie den Gourmet meist nicht überzeugen. Ein Kaninchen oder Hase am Spieß beispielsweise wird meistens trocken.

Wer trotzdem einmal versuchen möchte, Fleisch am Spieß zu braten, der sollte zwei frische Astgabeln seitlich neben dem Feuer plazieren, da das Fleisch neben den Flammen in der Strahlungshitze garen soll.

Der Spieß sollte möglichst gerade und mindestens daumendick sein, um sich einfacher handhaben zu lassen. Das Fleisch wird auf den Spieß geschoben und mit Draht und Nägeln befestigt. Achten Sie darauf, daß das Fleisch gut befestigt ist, da Sie während des Bratens nur schwer etwas korrigieren können.

Das Fleisch wird nicht – wie in Filmen immer wieder zu sehen ist – ständig gedreht. Vielmehr wird der Spieß alle paar Minuten eine Vierteldrehung weiterbewegt. Dabei sollte der Spieß in jeder Lage sicher liegenbleiben und sich nicht von selbst weiterdrehen. Bei jedem Drehen bestreicht man das Fleisch mit geschmolzener Butter oder Barbecue-Soße, damit es nicht zu trocken wird. Ein Kaninchen braucht etwa eine halbe Stunde, ein Hase etwa eine Stunde. Größere Tiere, wie Rehe oder Spanferkel, auf einem solchen Naturspieß zu braten, ist ziemlich schwierig. Dafür eignen sich eher professionell gefertigte Spieße. Besser ist, man wählt eine andere Art der Zubereitung.

Geflügel oder Flugwild lassen sich auf schmackhaftere Art zubereiten, man läßt sie beispielsweise am Strick braten.
(Siehe Seite 48).

Fleischspieße

Um schnell kleine Fleischstücke zu grillen, ist ein Spieß besonders gut geeignet. Als „Grill" benötigt man lediglich Steine, besonders gut eignen sich zwei Ziegelsteine, die hochkant gestellt werden. Die Glut schaufelt man darunter und schon kann es losgehen. Durch die Glut aus dem Lagerfeuer erhält das Fleisch einen besonderen Geschmack, der so nur am offenen Feuer zu erreichen ist.

Das Grillen von Spießen hat die Vorteile, daß man keinen Rost benötigt und daß man die Spieße gleich mit der Hand essen kann. Die Spieße sollten flach sein, damit sich das Fleisch daran nicht dreht. Auch sollten Sie die Spitzen nachschärfen, dann geht das Bestücken leichter.

Zutaten pro Person

- **200 g Fleisch (Filet, Nacken)**
- **100 g Rippenspeck**
- **2 mittlere Zwiebeln**

So wird's gemacht!

Dieses Rezept kann man nach Lust und Laune oder Verfügbarkeit von Zutaten abwandeln. Beim Fleisch sollte man aber auch hier auf die Qualität achten. Den Rippenspeck braucht man, wenn das Fleisch mager ist, damit der Spieß nicht trocken wird, die Zwiebeln würzen den Spieß.

Für den Spieß kann man Rindfleisch, Kalb, Wild, Schwein oder Geflügel verwenden. Als Gewürze bieten sich großblättrige Sorten an, die mit auf den Spieß gesteckt werden, wie beispielsweise Lorbeer- oder Salbeiblätter. Allzu trockenes Fleisch sollte man marinieren oder zumindest mit Öl bepinseln.

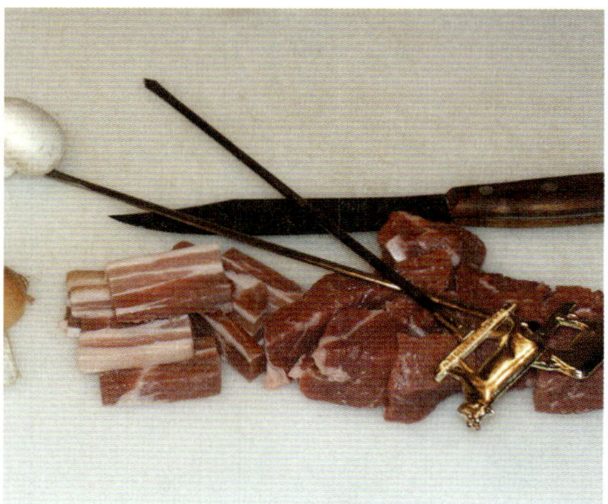

Das Fleisch und den Speck würfelig schneiden, die Zwiebeln vierteln …

… und abwechselnd auf den Spieß stecken.

Die Spieße zwischen zwei Backsteinen …

… über der Glut grillen.

Steaks grillen

Kochen am Feuer heißt für viele immer noch Grillen. Ein richtiges Steak kann nur aus Rindfleisch bestehen, vorzugsweise von einem Jungbullen, der ausreichend Fett angesetzt hat, so daß zwischen den Fleischfasern auch Fett eingelagert ist und das Fleisch beim Braten weich und zart wird. Ich bevorzuge seit Jahren Jungbullen-Entrecote, im Englischen Rib-Eye-Steak genannt, wegen des Fettauges. Drei Zentimeter dick geschnitten wiegt ein solches Steak rund 400 Gramm und reicht selbst für einen starken Esser. Ebenfalls gut geeignet sind Lungenbraten oder Beiried.

Zutaten pro Person

- **200–500 g Fleisch, je nach Hunger**
- **Pfeffer und Salz**
- **Kräuterbutter**

Ein gutes Steak von gut marmoriertem Fleisch.

Auf einem heißen Gußeisen-Grill …

… erhält es die typischen Brandmuster.

So wird's gemacht!

Die Auswahl des Fleisches ist ausschlaggebend für ein gelungenes Steak, das innen saftig und zart sein soll. Am besten kauft man beim Fleischhauer seines Vertrauens, denn beim Fleisch gibt es gewaltige Qualitätsunterschiede. Wer als Rinderbraten deklariertes Fleisch einer alten Milchkuh kauft, der erhält sehr mageres Fleisch, das aber beim Grillen nicht zart werden kann: Es fehlt das Fett zwischen den Muskelfasern. Wer aber von einem gut gemästeten Jungbullen Fleisch kauft, der erhält Steaks, die gut marmoriert sind und dann auch zart und saftig werden.

Um die Steaks zu grillen, hat man zwei Möglichkeiten. Entweder man legt sie einfach auf den Grill, oder man mariniert sie vorher. Die einfachste Art, das Fleisch zu marinieren, ist, das Fleisch von beiden Seiten zu pfeffern und mit Zwiebelringen in eine Glasschüssel zu legen. Dann wird das Fleisch mit Speiseöl übergossen, dafür eignet sich besonders gut kaltgepreßtes Olivenöl. Dann gibt man das Fleisch in den Kühlschrank – er sollte nicht zu hoch eingestellt sein – und läßt das Fleisch einen Tag lang ziehen. Vor dem Grillen abtupfen und auf den sehr heißen Grill legen. Verwendet man einen Gußeisen-Grill, erhält das Fleisch das typische Brandmuster. Von jeder Seite ca. fünf Minuten grillen. Wenn das Fleisch bei Druck leicht nachgibt, dann ist das Steak „medium" gebraten.

Als Beilage kann man in der Glut zubereitete Kartoffeln, Zwiebeln und Knoblauchbrot reichen.

Lachs am Brett

So wird's gemacht!

Der halbierte Lachs wird mit dem Schwanzende nach oben und der Haut zum Brett angenagelt. Mit reichlich zerstoßenen Wacholderbeeren, Pfeffer und Salz würzen und mit dem Brett an das Feuer stellen. Nach 20 Minuten vorsichtig probieren, ob sich das Fleisch schon leicht mit der Gabel abnehmen läßt. Am besten schmeckt der Lachs frisch vom Brett.

Zutaten

- **frischer Lachs, längs halbiert**
- **Salz und Pfeffer nach Geschmack**
- **zerstoßene Wacholderbeeren**
- **ein unbehandeltes Brett, mindestens zwei Stunden gewässert**
- **einige Nägel, nicht verzinkt**

Kochen über dem Lagerfeuer

Frühstück

Das legendäre amerikanische Frühstück besteht aus Speck und Eiern, dazu Sauerteig-Pfannkuchen mit Ahornsirup. Alles, was Sie dazu brauchen, ist eine große Grillplatte oder eine große Pfanne. Wir nehmen dafür eine Lodge-Gußeisenpfanne und einen Grillrost. In Amerika verwendet man einen etwas anderen Speck als in Österreich und Deutschland. Inzwischen gibt es diesen – Bacon genannt – aber schon fertig geschnitten auch bei uns im Supermarkt. Die Pfannkuchen schmecken herzhaft durch den Sauerteig und sehr sind nahrhaft, der Ahornsirup ist nicht sehr süß und paßt gut dazu.

So wird's gemacht!

Der Speck wird in die kalte Pfanne gelegt und dann langsam kroß gebraten. Wenn er fast fertig ist, schlägt man einige Eier daneben hinein und läßt diese in dem Speckfett braten. Die Sauerteig-Pfannkuchen backen Sie auch gleich in dem Speckfett neben den Spiegeleiern. Dann den Speck aus der Pfanne nehmen und auf Küchenpapier abtropfen lassen, auf jeden Teller kommen einige Scheiben Speck und einige Spiegeleier.

Sauerteig-Pfannkuchen

In einer Schüssel werden die Zutaten mit einer Gabel gut verschlagen und eine Stunde zur Seite an einen warmen Ort gestellt, bis der Teig schön blasig ist. Zum Backen wird der Teig löffelweise in die heiße Pfanne mit dem Fett gegeben. Kurz von einer Seite braun backen, dann wenden und von der anderen Seite auch braun backen. Die etwa fingerdicken Pfannkuchen sollten locker sein und haben einen feinen Sauerteiggeschmack.

Wenn Sie nicht so viele Pfannkuchen wollen, dann halbieren Sie die Zutaten bis auf das Ei. Auf keinen Fall dürfen Sie den Teig zurück zum Sauerteigstarter geben, der Teig würde sofort faulen, da schon Öl und Ei eingearbeitet sind.

Wem der Teig zu sauer ist, der kann den Geschmack mit einem Teelöffel Natron abmildern.

Zutaten für vier Personen

- **Speck und Eier nach Bedarf**

Pfannkuchen (12 Stück)

- **2 Tassen Sauerteigstarter (vom Vortag, schön blasig)**
- **1 Tasse Weizenmehl**
- **1 Tasse Wasser oder Milch**
- **1 leicht geschlagenes Ei**
- **2 Tl Öl**
- **2 Tl Zucker**
- **1 Prise Salz**
- **Ahornsirup zum Bestreichen**

Bohnen in der Flasche

Für dieses Gericht benötigt man eine Flasche mit möglichst weitem Hals und ein Lagerfeuer, das einige Stunden brennen wird, denn die Kochzeit kann durchaus sechs bis acht Stunden betragen. Entschädigt wird man mit einem Geschmackserlebnis, das seinesgleichen sucht – und das mit einem Gericht, das keine Mühe macht.

Zutaten für eine 0,7-Liter-Flasche

- **2 Tassen getrocknete weiße Bohnen**
- **1 Tl Salz**
- **1–3 Knoblauchzehen**
- **Wasser**
- **½ Tasse kaltgepreßtes Olivenöl**

So wird's gemacht!

Die Flasche wird mit weißen Bohnen, die nicht eingeweicht werden, zur Hälfte gefüllt. Dann gibt man Salz, Knoblauch und Olivenöl dazu und füllt die Flasche zu ¾ mit Wasser auf. Verschlossen wird die Flasche mit einem zusammengelegten Küchentuch aus Papier. Sollte während der Zubereitung zuviel Flüssigkeit verdampfen, wird vorsichtig warmes Wasser, damit die Flasche nicht springt, nachgefüllt.

Die Flasche zur Hälfte mit Bohnen füllen.

Ein Papierküchentuch als Verschluß.

Die richtige Entfernung zum Feuer ist 20 cm.

Die Bohnen dehnen sich aus und garen.

Grünkohlwanderung

Das richtige Rezept für eine Grünkohlwanderung, die Ihren Gästen so noch lange in Erinnerung bleiben wird. Sie benötigen eine große Pfanne für die Bratkartoffeln und für den Grünkohl einen Kessel oder einen großen Dutch-Oven, der sich hierfür besonders gut eignet. Zünden Sie ein Feuer an und stellen, wenn das Feuer heruntergebrannt ist, den Dutch-Oven mit dem Grünkohl in das Feuer. Jetzt können Sie für zwei Stunden wandern, so wie es Brauch ist. Wenn Sie dann zurückkommen, brauchen Sie nur noch die vorbereiteten Bratkartoffeln anzubraten, nach 15 Minuten können Sie das Wandermenü servieren: eine Portion Grünkohl, ein Mettende, eine Bregenwurst oder Krainer, eine Scheibe Speck, Bauchfleisch, Kasseler und Bratkartoffeln.

Zutaten für den Dutch-Oven

- **Schmalz**
- **Zwiebelwürfel**
- **Grünkohl aus der Dose**
- **Brühe aus Suppenwürfeln**
- **lose Bregenwurst aus der Dose**

je Person

- **ein Mettende, Bregenwurst oder Krainer**
- **eine Scheibe Bauchfleisch**
- **eine Scheibe Kasseler**
- **eine Scheibe Räucherspeck**

So wird's gemacht!

Grünkohl

Einen Eßlöffel Schmalz in den Dutch-Oven geben, Zwiebel darin anschwitzen, dann den Grünkohl dazugeben und mit der Brühe aufgießen – damit er nicht zu trocken ist und anbrennt – und salzen und pfeffern. Die Bregenwurst aus der Dose über dem Grünkohl zerpflücken und untermischen. Die Mettenden, Bregen- oder Krainerwürste und Fleischscheiben unter den Grünkohl legen. Mit wenig Oberhitze lassen Sie den Topf in der heißen Glut stehen. Denken Sie daran: „Grünkohl muß glänzen wie eine frisch gepflügte Ackerscholle!"

Bitte, beachten Sie bei diesem Gericht, daß der Kohl aufgewärmt besonders gut schmeckt. Das gilt aber nicht für die Würste und das Bauchfleisch, die sollte man immer frisch zubereiten.

Zutaten für die Bratkartoffeln pro Person

- **Schmalz zum braten**
- **½ Tasse Speckwürfel**
- **½ Tasse Zwiebelwürfel**
- **2 gekochte Kartoffeln in Scheiben**
- **Majoran, Kümmelpulver**
- **Pfeffer und Salz**

Bratkartoffeln

Gute Bratkartoffeln brauchen Fett! Nehmen Sie eine möglichst große Pfanne, und erhitzen Sie darin viel Schmalz, geben Sie die Speckwürfel dazu, und braten Sie diese glasig.

Wenn die Speckwürfel glasig sind, geben Sie die Kartoffeln dazu. Damit diese schön braun werden, muß die Pfanne entsprechend groß sein, dann hat jedes Stück auch reichlich Kontakt mit dem heißen Boden der Pfanne. Jetzt ist es wichtig, die Pfanne gut zu schwenken bzw. die Kartoffeln gut durchzurühren, wenn die Pfanne zu schwer ist. Sind die Kartoffeln braun, kommen die Zwiebeln dazu – nicht vorher, sie verbrennen sonst!

Sobald die Zwiebeln glasig werden, würzen Sie mit Pfeffer und Salz, wenig Kümmelpulver und sehr viel Majoran.

Pilzpfanne

So wird's gemacht!

Pilze „satt" am offenen Feuer sind eine ganz besondere Delikatesse, gerade, wenn man die Pilze auch noch selbst gesammelt hat. Wichtig ist bei Eierschwammerln (Pfifferlingen), daß diese in Fett richtig angebraten werden, da sie den typischen Geschmack erst deutlich über 100 °C entwickeln. Die Butter in der Pfanne erhitzen und den Speck auslassen. Dann die Zwiebeln dazugeben und glasig dünsten. Jetzt kommen die frischen Pilze und Pfeffer und Salz dazu. Unter ständigem Rühren die Pilze in der Butter schmoren, bis das Köcheln aufhört. In der Pfanne kann man etwas Platz machen und einige Rühreier oder ein Rumpsteak braten. Gibt man einen Becher Obers (Sahne) dazu, erhält man Rahmpilze. Füllt man dann noch mit einem Liter Rinderbrühe auf, erhält man eine Pilzrahmsuppe.

Zutaten pro Person

- **200–300 g frische Pilze, vorzugsweise Eierschwammerl (Pfifferlinge)**
- **1 kleine Zwiebel**
- **50 g Räucherspeck in Würfel**
- **50 g Butter zum Braten**
- **Pfeffer und Salz**

Schnelles Mahl

So wird's gemacht!

Wenn es einmal schnell gehen muß, dann ist ein Grill dafür gut geeignet. Durchglühen kann die Kohle von alleine, in der Zwischenzeit wird das Fleisch vorbereitet.

Pro Person wird 250–300 Gramm Schweinenacken mit Spießbratengewürz von beiden Seiten kräftig gewürzt. Dazu legt man das Gewürz auf einen Teller und wendet das feuchte Fleisch in der Würzmischung, damit es von beiden Seiten gut „paniert" ist.

Als Beilage Baked Beans aus der Dose, pro Person eine kleine Dose. Die Baked Beans in eine Pfanne geben und auf dem Grill langsam erwärmen. Das Fleisch von beiden Seiten grillen. Als „Beilagen" getoastetes Brot und ein kühles Bier.

Zutaten pro Person

- **250–300 g Schweinenacken**
- **fertiges Spießbratengewürz**
- **eine kleinen Dose Baked Beans**
- **Brot oder Brötchen**

Ochsenauge

So wird's gemacht!

Eine einfache Art, ein einzelnes Ei zu einer Mahlzeit zu braten, ist, es auf einen heißen Stein zu schlagen, auf dem ein ausgehöhltes Brot liegt.

Das Ei kann nicht zerlaufen und gart auf dem Stein. Mit einer Palette kann man dann das Frühstück vom Stein lösen: Toastbrot und Spiegelei.

Für Kinder

Popcorn

Den Boden des Dutch-Oven mit Öl bedecken und mit wenig Unterhitze heizen. Den Puffmais einstreuen, so daß der Boden höchstens zur Hälfte bedeckt ist und jedes Korn Kontakt zum Boden hat. Deckel auflegen und warten, bis das Knallen aufhört. Eventuell gelegentlich mit einem Holzlöffel umrühren, denn Popcorn brennt leicht an. Das Popcorn aus dem Topf nehmen und in einer Schüssel mit Salz oder Zucker bestreuen.

Der Puffmais sollte höchstens die Hälfte der Bodenfläche bedecken.

Marshmallows

Ein absoluter Höhepunkt für Kinder am Lagerfeuer ist, etwas in die Flammen zu halten und zu rösten. Genau dafür eignen sich Marshmallows (Mäusespeck, ein Zuckerschaum) hervorragend. Das Rösten geht schnell und funktioniert immer, die Marshmallows machen keine Fettflecken, und sie sind schön süß. Sie werden einfach aufgespießt und vorsichtig an die Glut gehalten. Wenn sie braun geworden sind, müssen sie schnell gegessen werden, denn sonst tropfen sie.

Marshmallows auf einen Stock spießen und in der Nähe der Glut bräunen.

Kochen im Dutch-Oven

Vogel mit Gemüse

Für Geflügel bietet sich der Dutch-Oven geradezu an. Es wird zwar nicht knusprig, dafür herrlich saftig. Je nach Größe des Topfes und Hunger nehmen Sie ein oder mehrere Brathähnchen (1.200 g) oder Fasane oder Tauben oder …

Pro Person rechnet man ein halbes Hähnchen oder eine ganz Taube.

Zutaten pro Hähnchen

- **zwei geviertelte Zwiebeln**
- **eine Paprikaschote in Streifen**
- **eine Möhre (Mohrrübe)**
- **zwei Kartoffeln in kleinen Stücken**
- **Mais**

So wird's gemacht!

Den Vogel innen und außen salzen und pfeffern, gegebenenfalls mit Hähnchengewürz bestreuen. In den Dutch-Oven Olivenöl gießen, so daß der Boden bedeckt ist, etwas Wasser angießen, wenn das Gemüse sehr trocken ist, die Vögel auf dem Rücken in den Topf legen und das Gemüse dazugeben. Alles salzen und pfeffern, wer es scharf liebt, legt noch einige Chilischoten dazu. Wer mag, kann noch einen Maiskolben oder entsprechend Maiskörner aus der Dose dazugeben, weiterhin jedes Gemüse, das man zur Hand hat. Bei diesem Gericht kommt es nicht so sehr auf die genauen Mengenverhältnisse an.

Der Dutch-Oven wird mit reichlich Oberhitze einen bis eineinhalb Stunden in der heißen Glut sich selbst überlassen. Es passiert nichts, wenn man etwas die Zeit überzieht, wichtig ist nur, daß genug Flüssigkeit in dem Topf ist, damit nichts anbrennt. Der Vogel wird zwar nicht knusprig, aber dafür wunderbar zart und saftig.

Chili con Carne

Ein typisches Lagerfeuergericht ist Chili. Davon lassen sich große Mengen recht einfach herstellen. Dem Gericht tut eine lange Kochzeit sehr gut. Um bei der Personenanzahl flexibel zu sein und dem Kochen im Freien Rechnung zu tragen, finden Sie hier die Mengenangaben pro Person sowie das Mengenverhältnis. Für ein gutes Chili ist wichtig, daß reichlich Fleisch verwendet wird. Serviert wird Chili mit Zwiebelringen und geraspeltem Käse und einer eingelegten Pfefferonischote.

Zutaten pro Person

- **200 g Faschiertes (Hackfleisch) (2 Teile)**
- **200 g gehackte Zwiebel (2 Teile)**
- **200 g rote Bohnen (2 Teile)**
- **100 g Mais aus der Dose (1 Teil)**
- **1 Tasse pürierte Tomaten (1 Teil)**
- **Pfeffer, Salz**
- **Chili, Kreuzkümmel, Paprikapulver oder fertige Würzmischung**

So wird's gemacht!

Das zerbröselte Hackfleisch (Faschierte) in Öl in einem Dutch-Oven scharf anbraten, dann Zwiebelwürfel hinzugeben und glasig werden lassen. Jetzt erst salzen und pfeffern, dafür aber ruhig ein wenig kräftiger. Die passierten Tomaten und die abgetropften Bohnen hinzugeben und alles bei leichter Ober- und Unterhitze ca. 30 Minuten kochen lassen. Bei Bedarf etwas Wasser zufügen, wenn die Masse zu trocken ist. Kurz vor Ende der Garzeit noch einmal abschmecken und den Mais beigeben, diesen aber nur noch heiß werden lassen, damit er schön knackig bleibt.

Tips

- Der Mais darf nicht lange mitkochen, er wird erst zehn Minuten vor dem Servieren dazugegeben, so bleibt er knackig.

- Wenn Sie mit Tabasco würzen, müssen Sie das Chili nochmals aufkochen, damit der Essiggeschmack verfliegt.

- Bestreuen Sie das Fleisch beim Anbraten mit etwas Zucker, es nimmt dann schneller eine schöne dunkle Farbe an.

Kartoffeln als Beilage

Kartoffeln aus dem Dutch-Oven sind eine sättigende und schnell gekochte Beilage. Sollen die Kartoffeln nicht gar so üppig sein, ersetzt man das Obers durch Milch.

In einem 14"-Dutch-Oven kann man Kartoffeln für 15 Personen als Beilage kochen. Wenn man mehr Speck dazugibt, hat man eine wohlschmeckende Hauptspeise.

Zutaten pro Person

- **1 – 2 große Kartoffeln**
- **½ – 1 Zwiebel**
- **100 g Speck**
- **geriebener Käse zum Überbacken**
- **Pfeffer und Salz**
- **1 Tasse Obers (Sahne)**

So wird's gemacht!

Den Speck und die Zwiebeln würfelig und die geschälten Kartoffeln in Scheiben schneiden. In den Dutch-Oven zunächst eine Lage Kartoffeln einschichten, mit Zwiebeln und Speckwürfeln belegen und kräftig salzen und pfeffern. Je nach Geschmack können auch andere Gewürze, wie z. B. scharfes Paprikapulver etc., verwendet werden.

Dann kommt wieder eine Schicht Kartoffel, darauf wieder Speck und Zwiebeln usw., als letzte Lage Kartoffeln verwenden. Zum Schluß Obers (Sahne) hinzugießen, so daß der Dutch-Oven etwa zur Hälfte damit gefüllt ist.

Die Kartoffeln läßt man zunächst im Dampf garen. Den Deckel auf den Dutch-Oven setzen und mit Kohlen bedecken. Die Kartoffeln brauchen ca. 20 Minuten, bis sie durch sind.

Dutch-Oven-Kartoffeln sind immer ein Genuß.

Anschließend den Käse darüber streuen und warten, bis er zerlaufen und leicht gebräunt ist. Die Dutch-Oven-Kartoffeln möglichst heiß servieren. Ob als Beilage oder Hauptgericht – es schmeckt immer.

Abwechselnd die Schichten einlegen …

… und mit Käse überbacken.

Stew

Dieses Stew ist besonders geeignet, wenn man mehr Zeit zum Kochen hat oder wenn man einige Portionen mehr kochen möchte, um später etwas aufzuwärmen.

Zutaten für 4 Personen

- **1 kg gewürfeltes Rindfleisch**
- **250 g Rippenspeck**
- **500 g Möhren**
- **1 kg Kartoffeln**
- **2 Paprikaschoten**
- **1 Tasse Sojasoße**
- **5 mittlere Selleriestangen**
- **2 Zwiebeln**
- **½ Tasse Worcestersoße**
- **Tabasco**
- **Pfeffer und Salz**
- **Öl zum Anbraten**

So wird's gemacht!

Zuerst Öl in einem Dutch-Oven erhitzen und darin das Fleisch und den Rippenspeck anbraten, danach die Zwiebeln dazugeben und mitbraten. Anschließend den Rest der Zutaten hinzugeben und so lange kochen, bis das Gemüse weich ist. Abschmecken und servieren. Das Gericht kann durchaus am Morgen vorbereitet werden und im Lagerfeuer erkalten. Am Abend braucht man das Essen nur noch aufzuwärmen. Es schmeckt dann um so besser.

Zuerst Fleisch und Speck anbraten …

… dann die anderen Zutaten dazugeben.

Mindestens zwei Stunden köcheln lassen.

Vor dem Servieren nochmals abschmecken.

Maishähnchen

Ein Gericht, das durch seine Einfachheit besticht. Je nach Größe des Topfes und Hunger nehmen Sie ein oder mehrere Hähnchen. Ein Hähnchen paßt in einen 12"-Dutch-Oven, drei Stück in einen 14". Ein Hähnchen reicht für zwei Personen. Bei diesem Gericht kommt es nicht so sehr auf die genauen Mengenverhältnisse an.

Zutaten pro Hähnchen

- **zwei geviertelte Zwiebeln**
- **eine Paprikaschote in Streifen**
- **Pfeffer und Salz, Hähnchengewürz**
- **eine große Dose Mais**

So wird's gemacht!

Zuerst das Rückgrat heraustrennen, damit das Hähnchen flach liegt. Dann innen und außen salzen, pfeffern und reichlich mit Hähnchengewürz bestreuen. In den Dutch-Oven Olivenöl gießen, daß der Boden bedeckt ist, dann etwas Wasser dazugießen, das Hähnchen auf dem Rücken in den Topf legen und das Gemüse dazugeben. Nach einer halben Stunde den Mais dazugeben und eine weitere Stunde braten.

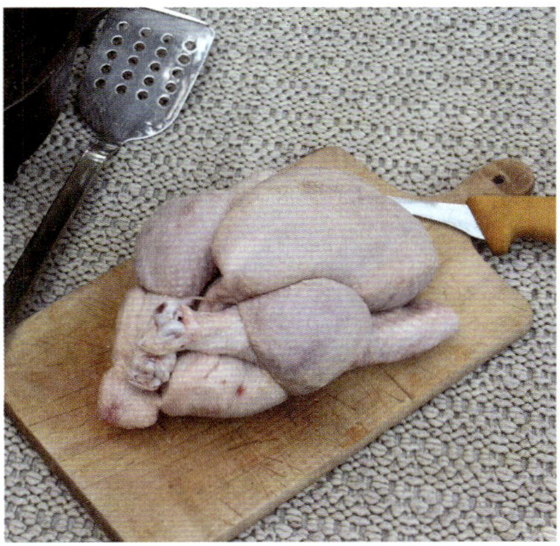

Das Hähnchen muß erst vorbereitet werden,

dazu das Rückgrat mit einer Schere entfernen.

Das Hähnchen flach in den Dutch-Oven legen …

… und nach einer halben Stunde den Mais zufügen.

Cowboy-Bohnen

Zutaten für 6–8 Personen (als Beilage)

- 3 Tassen Bohnen, am Vortag eingeweicht (je eine Tasse Kidney-, Pinto- und weiße Bohnen)
- 2 Tassen Speck in Würfeln
- 3 Tassen Zwiebelwürfel
- 1 Tasse Chilisoße
- 1 Tube Tomatenmark
- 2 Tl Senf
- 1 El Zucker
- Pfeffer und Salz
- Sambal Olek
- Butter oder Olivenöl

So wird's gemacht!

In einem Eßlöffel Butter oder Olivenöl werden im Dutch-Oven die Speckwürfel ausgelassen. Dazu kommen die Zwiebelwürfel, die in dem ausgelassenen Speck glasig gedünstet werden.

Der Topf wird mit eingeweichten Bohnen aufgefüllt. Gewürzt wird am besten mit Maggi Texicana, einer Soße mit viel Chili. Dazu geben Sie Pfeffer, Salz, Zucker, Senf, Sambal Olek und Tomatenmark. Bei solchen Gerichten wird oft die süße Note vergessen, sie sind dann zwar scharf, schmecken aber irgendwie fad. Also muß etwas Zucker oder süßer Ketchup dazu. Auf den Deckel wird Glut gehäuft, um Oberhitze zu haben. Das Ganze läßt man drei bis vier Stunden köcheln, bis die Bohnen gar sind. Die lange Kochzeit ist kein Problem, da man dieses Gericht ohnedies aufgewärmt servieren soll, da es aufgewärmt am besten schmeckt.

Die Bohnen halbfertig auf dem Feuer.

Spießbraten

Dies ist ein sehr einfaches Rezept, das jedoch durch das delikate Ergebnis überzeugt. Da Roggenbrötchen sehr gut dazu passen, liegt es nahe, diese gleich mitzubacken (siehe Seite 104). Die beiden Dutch-Oven werden dazu übereinandergestellt, die Kohlen auf dem Deckel des unteren geben dann gleichzeitig die Unterhitze für den oberen Dutch-Oven. Zum Spießbraten passen die Soße mit den geschmorten Zwiebeln, Roggenbrötchen, Weißkrautsalat, Bier und Marschmusik.

Zutaten pro Person

- **Nackenbraten (Schopfbraten) vom Schwein ohne Knochen, 300–400 g**
- **Zwiebeln in grobe Ringe geschnitten**
- **Spießbratengewürz, pro kg Fleisch zwei El**
- **Sonnenblumen- oder Olivenöl**

So wird's gemacht!

Der Nackenbraten (Schopfbraten) ohne Knochen wird in einer Paste aus Zwiebeln, Öl und Gewürzen eingelegt. Dazu nehmen Sie auf ein Kilo Fleisch 500 Gramm Zwiebel. Das Öl wird mit dem fertig gekauften Spießbratengewürz vermischt, bis eine dünnflüssige Paste entsteht, die mit den Zwiebeln so lange vermischt wird, bis die einzelnen Zwiebelstücke reichlich benetzt sind. Mit der restlichen Flüssigkeit wird der Braten eingestrichen, der dann noch zusätzlich im Gewürz gewendet wird. Ein sehr dicker Braten sollte längs eingeschnitten werden, damit das Gewürz auch in die Mitte eindringen kann.

In einer Glasschüssel (Plastik kann sich verfärben!) wird eine Schicht Zwiebel-Öl-Gewürzmischung gegeben, darauf der Braten gelegt und die restliche Zwiebelmasse auf dem Braten verteilt und gegebenenfalls in die Mitte des Schnittes gefüllt. Es ist von Vorteil, wenn die Schüssel so klein ist, daß fast kein Platz zwischen Braten und Schüsselwandung bleibt, damit das Fleisch vollständigvon der Marinade umgeben ist.
So mariniert muß der Braten ein bis zwei Tage im Kühlschrank ziehen. Alle vier bis sechs Stunden sollte der Braten vorsichtig umgedreht werden, damit sich das Öl neu verteilt.

Zum Braten wird das Fleisch einfach in den Dutch-Oven gelegt und gebraten. Öl ist nicht notwendig, da das Fleisch noch genug Öl vom Marinieren enthält. Bevor der Deckel aufgesetzt wird, muß man noch pro Kilogramm

Der fertig eingelegte Braten

Der Braten drei Stunden später

Fleisch eine halbe Tasse Wasser hinzugießen, damit der Braten nicht anbrennt.

Das erste Kilogramm Fleisch benötigt eine Stunde, bis es durch ist. Für das zweite Kilogramm rechnet man 45 Minuten mehr, für jedes weitere Kilogramm jeweils 30 Minuten. Ein drei Kilogramm schwerer Braten muß demnach zwei Stunden und 15 Minuten braten. Ein Braten sollte aber nicht schwerer als drei Kilogramm sein, daher ist es besser, zu große Braten zu teilen.

Gekochte Rinderbrust

Zutaten für 6 Personen

- **1,5 kg Rinderbrust**
- **1 Glas Meerrettich**
- **Pfeffer und Salz**
- **½ l Bier**
- **1 Tasse Rosinen**
- **1 Möhre**
- **2 Zwiebeln**

Die Rinderbrust mit dem Meerrettich bestreichen.

Auf dem Feuer mindestens drei Stunden kochen.

Zum Fleisch und zur Soße schmecken Bohnen.

So wird's gemacht!

Rinderbrust ist ein Fleisch, das lange kochen muß, um richtig weich zu werden. Dafür ist es günstiger im Einkauf. Für die lange Kochzeit ist der Dutch-Oven bestens geeignet, da man in ihm lange bei niedriger Temperatur kochen kann. Man kann aber auch einen Kessel, den man über ein Lagerfeuer hängt, verwenden, wenn man sicherstellen kann, daß die Hitze gleichmäßig über diesen langen Zeitraum gehalten wird.

Wer keinen Dutch-Oven hat, kann das Gericht auch in einem normalen Topf kochen, der mit einer Seite an das Feuer gestellt wird und den man dort über längere Zeit simmern läßt.

Die Rinderbrust wird gesalzen und gepfeffert und mit Meerrettich eingerieben. Dazu kommen die grob würflig geschnittenen Möhren, die Zwiebeln und die Rosinen. Das Ganze wird mit Bier aufgefüllt und für einige Stunden am Feuer gelassen. Das Gericht muß mindestens drei Stunden kochen, sonst wird die Rinderbrust nicht weich. Gelegentlich sollte man in den Topf schauen und verdampfte Flüssigkeit durch Wasser ersetzen.

Am Ende der Kochzeit ist die Soße schön sämig und hat einen besonderen Geschmack nach der Schärfe des Meerrettichs und der Süße der Rosinen.

Zur Rinderbrust schmecken Salzkartoffeln und die in der Flasche gekochten Bohnen (siehe Seite 60). Als Getränk paßt ein Bier.

Jägertopf

Zutaten für 2 Personen

- 500 g Faschiertes (Hackfleisch)
- 500 g Kartoffeln
- 1 Paprikaschote
- 200 g frische Champignons
- 1 Zwiebel
- 200 g Käse zum überbacken
- Pfeffer und Salz

So wird's gemacht!

Der Jägertopf ist ein typisches Eintopfgericht, das sowohl in einem Topf als auch in einer Pfanne äußerst schmackhaft wird. Verwendet man eine Bratpfanne, dann nimmt man am besten eine mit Deckel. Eine Pfanne ohne Deckel geht auch, dann zerläuft aber der Käse nicht so schön.

Zuerst das Hackfleisch (Faschierte) in etwas Öl kräftig anbraten. Die würflig geschnittene Zwiebel und die Paprikaschote sowie die in Scheiben geschnittenen Pilze hinzufügen und anbraten. Dann pfeffern und salzen und aus dem Topf nehmen.

Den Boden des Topfes mit Kartoffelscheiben auslegen und die Hackfleisch-Gemüsemasse wieder dazugeben. Etwas Wasser dazugießen und mit Unterhitze die Kartoffeln weichkochen, bis das Wasser verdampft ist. Man kann auch fertigen Kartoffelbrei anrühren, statt der Kartoffeln.

Zum Abschluß Käse darüber streuen, den Deckel draufgeben und mit viel Oberhitze überbacken, bis der Käse zerlaufen und gebräunt ist.

Das Fleisch und Gemüse anbraten und aus dem Topf nehmen.

Den Topf mit Kartoffelscheiben auslegen und die Fleisch-Gemüsemasse wieder einfüllen.

Mit Käse überbacken.

Gulasch

Zutaten für 4–6 Personen

- 1 kg Gulaschfleisch
- 250 g Räucherspeckwürfel
- 1 Dose geschälte Tomaten 450 ml
- 5 Zwiebeln, grob gewürfelt
- je eine rote, grüne und gelbe Paprikaschote
- jeweils einen Tl Thymian, Kümmel, Majoran, gemahlenen Pfeffer
- 2 Tl Paprikapulver edelsüß
- 1 Tl Salz
- 1 Tl Fondor
- 1 Dose Eierschwammerl (Pfifferlinge)

So wird's gemacht!

Das Fleisch und die Speckwürfel im Deckel eines Dutch-Oven oder einer Pfanne portionsweise von allen Seiten kräftig anbraten, in den Dutch-Oven oder einen Kessel umfüllen und die Gewürze hinzufügen. Dann die Zwiebeln mitbraten, bis sie glasig werden. Danach die Paprikastücke hinzufügen und mit anschwitzen.

Den Topf mit den geschälten Tomaten mit Flüssigkeit ablöschen, zusätzlich ein Liter Wasser oder noch besser Brühe dazugeben, den Deckel schließen und mit sechs bis zehn Kohlen von unten zwei Stunden köcheln lassen. Bei diesem Gericht macht es nichts aus, wenn der Topf zwischendurch kalt wird, weil die Glut ausgegangen ist. Das hat den Vorteil, daß man den Topf unbeaufsichtigt am Feuer lassen kann, während man beispielsweise zur Jagd geht.
Wenn das Gulasch fertig ist, werden die Eierschwammerl auf dem umgedrehten Deckel angebraten, damit die Pilze ihre Aromastoffe bilden bzw. freisetzen können, dazu müssen sie in heißem Fett auf über 100 °C erhitzt werden.

Die angebratenen Pilze werden unter das Gulasch gemischt, und das Ganze wird mit Paprikapulver, Pfeffer und Salz abgeschmeckt.

Zum Gulasch schmeckt frisches Brot oder Nudeln, dazu ein roter Landwein oder Bier.

Die restlichen Zutaten dazugeben.

Portionsweise das Fleisch im Deckel anbraten, bis es sehr dunkel ist.

Die Eierschwammerl müssen in Öl kräftig angebraten werden, um Geschmack zu bekommen.

Hähnchenbrust in Rahmsoße

Zutaten für 4–6 Personen

- **10–12 Hähnchenbrustfilets**
- **500 g frische Champignons**
- **500 g Zwiebel in Scheiben**
- **2 Becher Obers (Sahne)**
- **2 Becher Crème fraîche**
- **1 Tl Curry**
- **1 Tl Paprikapulver**
- **Pfeffer und Salz**
- **Butterschmalz zum Braten**

So wird's gemacht!

In dem Deckel des Dutch-Oven nach und nach die Hähnchenbrüste ohne Haut (man kann auch Schweine- oder Putenschnitzel nehmen) anbraten. Gleichzeitig im Dutch-Oven die Zwiebeln und die geputzten und in Scheiben geschnittenen Champignons anbraten. Sind die Hähnchenbrüste angebraten, werden diese in den Dutch-Oven gelegt, gesalzen und gpfeffert.

Die Hähnchenbrüste portionsweise im Dekkel anbraten.

Zwiebel und Pilze im Topf anbraten.

In einer großen Schüssel werden Obers und Crème fraîche mit den Gewürzen verrührt. Die Masse wird über die Hähnchenbrüste gegeben und der Dutch-Oven auf die Kohlen gestellt. Die erste Stunde nur mit wenigen Kohlen (sechs bis acht Stück) von unten heizen, bis das Fleisch weich ist. Dann eine halbe bis eine Stunde mit reichlich Oberhitze (18–20 Kohlen) die Brüste bräunen. Die Soße sollte schön dickflüssig werden.

Wer möchte, kann das Ganze noch mit Käse überbacken, das Gericht wird dadurch noch üppiger.

Um das Gericht einfacher zu machen, kann man die Brüste im Dutch-Oven anbraten und in der Schüssel mit Obers und Crème fraîche einfach eine fertige Zwiebelsuppe und eine fertige Champignon-Cremesuppe einrühren.

Als Beilage eignet sich Reis oder Brot, als Getränk ein leichter weißer Sommerwein oder ein Rosé, selbstverständlich auch ein Bier.

Die Brüste dazugeben und mit der Rahmmischung auffüllen, eine Stunde köcheln lassen.

Spare-Ribs

So wird's gemacht!

Fertige Spare-Ribs gibt es inzwischen auch beim Fleischhauer, aber wenn daran zu wenig Fleisch ist, dann kann man auch richtiges Rippenfleisch nehmen, das entlang der Rippen in Stücke geschnitten wird.

Die Rippen im Dutch-Oven in heißem Fett anbraten, mit Barbecuesoße begießen und erst mal eine Stunde vor sich hinköcheln lassen. Dann, wenn die Soße schön sämig geworden ist, werden die Rippen mit Honig bestrichen und nochmals zehn Minuten mit reichlich Oberhitze gebräunt. Besitzen Sie einen zweiten Dutch-Oven, können Sie dazu frisches Brot backen.

Zutaten pro Person

- **Spare-Ribs mit Knochen, ca. 500–800 g**
- **Fett zum Braten**
- **Barbecuesoße aus der Flasche**
- **Honig zum Bestreichen**

Scharfe Bohnensuppe

So wird's gemacht!

Das Faschierte (Hackfleisch) in Olivenöl anbraten, aus dem Dutch-Oven herausnehmen und mit frischem Olivenöl die Zwiebeln anbraten. Das angebratene Fleisch zurück in den Topf geben. Die Tomaten noch in der Dose mit einem langen Messer mehrfach zerschneiden und in den Dutch-Oven geben; in dem zurückbehaltenen Saft die Suppenwürfel auflösen und auch in den Dutch-Oven geben. Danach die sauer eingelegten Paprika (mit Saft) und die Bohnen (mit Saft) dazugeben, mit den Gewürzen abschmecken und mindestens eine halbe Stunde kochen lassen. Zu diesem Eintopf serviert man selbstgebackenes Brot und ein kühles Bier.

Zutaten für 10 Portionen

- **1 kg Hackfleisch (Faschiertes)**
- **1 kg Zwiebel, grob gewürfelt**
- **1 große Dose weiße Bohnen**
- **1 große Dose rote Kidneybohnen**
- **2 kleine Dosen Chilibohnen**
- **2 große Dosen geschälte Tomaten**
- **1 großes Glas rote Paprika in Streifen, sauer eingelegt**
- **2 Tl Paprikapulver edelsüß**
- **2 Tl Salz**
- **2 Tl gemahlener Pfeffer**
- **Chilipulver nach Geschmack**
- **Suppenwürfel für 2 l Flüssigkeit**

Wachteln

So wird's gemacht!

Wachteln brauchen durch den feinen Eigengeschmack des Fleisches kaum Gewürze. Tiefgefroren kosten vier Wachteln soviel wie ein Huhn.

Zutaten pro Person

- **1 Wachtel**
- **1 Streifen Rippenspeck**
- **Pfeffer und Salz**
- **Olivenöl**

Die Wachteln auftauen und innen und außen gut waschen, die letzten Federkiele entfernen und die Vögel trockentupfen. Innen und außen pfeffern und salzen, mit einer Scheibe Rippenspeck umwickeln und im Dutch-Oven 20–30 Minuten mit viel Oberhitze braten.

Die Wachteln säubern und mit Speck umwickeln.

4 bis 8 Wachteln passen in einen Dutch-Oven.

Pfundstopf

So wird's gemacht!

Dieses Gericht gibt es in verschiedenen Varianten, es hat einen großen Vorteil gegenüber anderen Gulaschgerichten: Das Fleisch wird nicht angebraten. Vielmehr werden alle Zutaten in einen Topf geschichtet, und dann wird gekocht.

Dieses Gericht kann man in einem Dutch-Oven, in einem Kessel über dem Feuer oder in einem Bräter, den man auf zwei Ziegelsteinen über das Feuer stellt, zubereiten. Wichtig ist, daß mit wenig Hitze lange gekocht wird.

Alle Zutaten werden kleingeschnitten in den Topf gegeben, die Tomaten mit dem Saft aus der Dose. Aus dem Faschierten werden gut kirschgroße Nockerl (Klöße) geformt und auch mit in den Topf gegeben. Dann die Chilisoße, das Obers und die Gewürze dazutun und alles vorsichtig durchmischen. Den Dutch-Oven zunächst mit einigen Kohlen unter dem Topf anheizen und zum Schluß mit viel Oberhitze (dann brennt nichts an!) weiterkochen.

Im Kessel mit wenig Hitze anfangen und dabei bleiben, da man das Gericht ja nicht umrühren soll. Der Pfundstopf braucht rund drei Stunden, dann ist das Fleisch mürbe.

Zutaten für 10 Personen

1 Pfund = ½ kg

- **1 Pfund Kasselernacken**
- **1 Pfund Faschiertes (Hackfleisch)**
- **1 Pfund Rindergulasch**
- **1 Pfund Schweineschnitzelfleisch**
- **1 Pfund Zwiebel**
- **1 große Dose Tomaten**
- **3 Paprikaschoten**
- **3 Becher Obers (Sahne)**
- **1 Flasche Chilisoße**
- **2 Tl Paprika**
- **Knoblauch**
- **Pfeffer und Salz**

Gebackener Camembert

So wird's gemacht!

Eine Vorspeise aus dem Dutch-Oven, die Lust auf noch eine Portion macht.

Zutaten für 2 Personen

- **1 Camembert**
- **Blätterteig (TK-Produkt)**
- **Preiselbeeren aus dem Glas**

Den Blätterteig so ausbreiten, daß er sich gut über dem Camembert zusammenlegen läßt. Den Dutch-Oven mehrfach mit Alufolie auslegen. Den Camembert in die Mitte vom Blätterteig setzen, mit Preiselbeeren umlegen und den Blätterteig über dem Camembert zusammenlegen. Oben soll ein Loch offenbleiben, damit die Feuchtigkeit abziehen kann und der Blätterteig kroß wird. Den Blätterteig mit Eigelb bestreichen und alles eine Viertelstunde im Dutch-Oven mit viel Oberhitze backen, bis der Blätterteig schön goldgelb und der Käse zerlaufen ist.

Schneller Braten

So wird's gemacht!

Gerade beim Kochen im Freien möchte man schnell ein vorzeigbares Ergebnis haben. Das ist bei diesem Braten der Fall, die Zubereitung ist unkompliziert, leider dauert die Garzeit lang.

In den Dutch-Oven wird ein guter Schuß Olivenöl gegeben, darauf kommt der gesalzene und gepfefferte Braten. Er wird mit den Speckscheiben belegt, dazu kommen die Zwiebeln und eine Tasse Wasser. Mit reichlich Oberhitze brät das Fleisch für das erste Kilogramm zwei Stunden, für jedes weitere Kilogramm eine weitere Stunde.

Zutaten pro Person

- **300–400 g Bratenfleisch**
- **1 Zwiebel**
- **Speckscheiben zum Belegen**
- **Pfeffer und Salz**

Ab und zu nachschauen, und gelegentlich Wasser nachgießen, damit der Braten nicht anbrennt. Vor dem Servieren den Braten etwas ruhen lassen, den Bratensatz aufkochen und nach Geschmack mit Mehl binden.

Backen am Feuer

Brötchen und Zimtschnecken

Im Dutch-Oven lassen sich auch Feinbackwaren herstellen, beispielsweise Hefebrötchen (oben links) oder Zimtschnecken (oben rechts).

Zutaten für 10–12 Hefebrötchen

- 750 g Mehl
- 2 Beutel Trockenhefe
- ⅛ Liter warmes Wasser oder Milch
- 2 El Öl
- 1 Tl Salz
- ½ Tl Zucker

Zutaten für 10–12 Zimtschnecken

Teig

- 7 Tassen Mehl
- 2 Tl Salz
- ½ Tasse Zucker
- 2 Beutel Trockenhefe
- 2 Tassen warme Milch
- 4 Eier
- 2 El Backfett

Füllung

- 2 El geschmolzene Butter
- 1 Tl Zimt
- Brauner Zucker
- 1 El Kakaopulver

So wird's gemacht!

Hefe-Brötchen

Die Zutaten für den Grundteig gut vermischen und verkneten, danach in einem Topf mit einem Handtuch abdecken und für eine halbe Stunde an einen zimmerwarmen Ort stellen, damit der Hefeteig aufgehen kann. Der so vorbereitete Teig wird in 10–12 gleiche Kugeln zerteilt, die einzeln mit etwas Mehl abgestäubt werden, damit sie beim Backen nicht zusammenkleben.

Jetzt die Teigkugeln in den Dutch-Oven auf Abstand legen, nochmals gehen lassen, bis sie noch einmal so hoch sind, dann wird der Dutch-Oven auf die Glut gestellt. Erfahrungsgemäß reichen 30–40 Minuten, wenn die Kohlen bereits gut durchgeglüht sind. Machen Sie die Garprobe mit einem Holzstab. Es darf kein Teig mehr kleben bleiben, wenn sie ihn hineinstecken und wieder herausziehen.

Zimtschnecken

Vermischen Sie alle Zutaten für den Teig, bis er sich von der Schüssel löst und fest und geschmeidig ist. Dann lassen Sie den Teig eine Stunde gehen, bis er doppelt so hoch ist.

Rollen Sie den Teig flach aus, und bestreichen Sie ihn mit der Füllung. Dann rollen Sie den Teig auf und schneiden Scheiben davon ab, die nebeneinander in den gefetteten Dutch-Oven gelegt werden. Dort muß der Teig nochmals gehen, bis er wiederum doppelt so hoch ist.

Mit wenig Hitze unter dem Dutch-Oven und viel Hitze auf dem Deckel werden die Zimtschnecken in 30–40 Minuten goldgelb gebacken.

Ananas Upside-Down-Kuchen

Auch einen Nachtisch kann man im Dutch-Oven zubereiten. Ein einfaches Rezept ist der Ananas-Upside-Down-Kuchen. Die Früchte werden unten in den Topf gelegt und mit dem Teig übergossen. Nach dem Backen wird er gestürzt, daher kommt auch der Name. Wer den Nachtisch besonders appetitlich machen möchte, der legt in die Mitte jeder Ananasscheibe noch eine rote Cocktail-Kirsche.

Man kann auch eine Backmischung verwenden, muß aber die Hälfte der Eier weglassen, damit der Teig nicht zu sehr aufgeht.

Zutaten für einen 10"-Dutch-Oven

- **1 Dose (425 ml) Ananas in Scheiben**
- **1 Tl Butter**
- **2 El Zucker**

für den Teig

- **1 Tasse Weizenmehl**
- **1 Tasse Maismehl**
- **1 Ei**
- **1 Prise Salz**
- **1 El Zucker**
- **1 Tl Backpulver**
- **Milch**

So wird's gemacht!

Legen Sie den Dutch-Oven mit einer doppelten Schicht Alufolie aus. Stellen Sie den Topf auf das Feuer, und schmelzen Sie die Butter in der Alufolie. Streuen Sie den Zucker drauf, dann verteilen Sie die Früchte, aber ohne die Flüssigkeit. Dann geben Sie den Teig löffelweise über die Früchte, so daß er gleichmäßig in den Topf eingefüllt wird.

Schließen Sie den Deckel, und heizen Sie den Dutch-Oven mit wenig Unter- und viel Oberhitze. Nach 20 Minuten sollte der Kuchen fast gar sein. Öffnen Sie den Deckel, und machen Sie die Backprobe mit einem Holzstab. Sie sollten den Kuchen goldbraun backen und dann im Dutch-Oven etwas abkühlen lassen. Heben Sie vorsichtig an der überstehenden Alufolie den Kuchen aus dem Topf. Die Alufolie sollte dabei nicht beschädigt werden.
Nun müssen Sie den Kuchen nur noch stürzen. Dazu wird der Boden (der jetzt noch oben ist!) mit einem Teller bedeckt, ein zweiter Teller kommt unter den Kuchen, und beide Teller werden um 180 Grad gedreht, so daß der untere zuoberst zu liegen kommt. Dann die Alufolie abziehen – und guten Appetit!

Sauerteig-Roggenbrötchen

Man kann im Dutch-Oven auch richtiges Brot backen, einfacher und bequemer ist es aber, Brötchen aus Sauerteig zu backen, die ganz hervorragend schmecken.

Der Sauerteig für diese Brötchen wird ausschließlich mit Roggenmehl angesetzt, beim Backen kommt dann noch Weizenmehl dazu, um das Backverhalten positiv zu beeinflussen. Sauerteig-Roggenbrötchen – das tägliche Brot der Trapper und Cowboys in Amerika. Es wurde traditionell im Dutch-Oven gebacken.

Zutaten

- **2 Tassen Sauerteig**
- **2 Tassen Roggenmehl**
- **2 Tassen Weizenmehl**
- **1 Beutel Trockenhefe**
- **1 Tl Salz**
- **1 Prise Zucker**
- **lauwarmes Wasser**
- **Mehl zum Ausrollen**
- **alternativ 1 Beutel Backpulver und 1 Tl Natron, statt Hefe und Zucker**

So wird's gemacht!

Am Vorabend den Vorteig ansetzen: Dazu den Sauerteig (etwa zwei Tassen) aus dem Kühlschrank nehmen, in eine größere Schüssel umfüllen und zusammen mit den zwei Tassen Roggenmehl und lauwarmem Wasser einen dickflüssigen Teig mischen. Über Nacht, mit einem Tuch zugedeckt, an einem warmen Ort stehen lassen.

Am nächsten Tag die Trockenhefe mit dem Weizenmehl, Salz und Zucker in einer Schüssel mischen, zwei Tassen Sauerteig vom Vortag dazugeben und mit Wasser (oder Buttermilch) zu einem Teig kneten, der nicht mehr an der Schüssel oder den Fingern klebt. Den Hefeteig zu einem Klumpen formen und in der Schüssel eine Stunde gehen lassen, bis sich die Menge verdoppelt hat. Wer statt der Hefe mit Backpulver arbeitet, der überspringt diesen Schritt. Am Lagerfeuer wird der Teig in den Dutch-Oven gelegt und mit wenigen Kohlen auf dem Deckel eine Stunde gehen gelassen.

Hat sich der Teig verdoppelt, dann wird er zu einer Rolle geknetet, aber nicht zu stark, damit die Luftblasen im Teig bleiben. Mit dem Messer schneidet man den Teig in acht ziemlich gleichmäßig große Brötchen, die man ringförmig in den Dutch-Oven setzt. Die abgeschnittenen Teigteile dürfen nicht mehr geknetet werden, da sie durch das Roggenmehl nur schlecht aufgehen. Sie werden mit reichlich Mehl in den Dutch-Oven gelegt und nochmals mit einigen Kohlen auf dem Deckel eine Stunde erwärmt, damit sie ein zweites Mal gehen können. Zum Backen werden von den Kohlen ¼ bis ⅓ unter dem Dutch-Oven und der Rest auf dem Deckel verteilt. Nach ca. 20 Minuten sind die Brötchen fertig.

Roggenbrötchen, noch nicht aufgegangen.

Fertig gebackene Sauerteig-Roggenbrötchen, eher gehaltvoll wie Brot.

Bannock

So wird's gemacht!

Bannock ist das Brot der Wildnis und wird immer am offenen Feuer zubereitet. Aus Mehl, Wasser, Salz, Fett und Backpulver einen festen Teig bereiten, der sich leicht von der Schüssel löst. Drei Minuten gut mit den Händen durchkneten und zu einem flachen Fladen formen, etwa einen halben Zentimeter dick. In der Pfanne Fett erhitzen und den Bannock von beiden Seiten goldbraun backen. Bannock schmeckt warm und frisch am besten.

Besser als der gewöhnliche Bannock schmeckt der Sauerteigbannock. Für den Sauerteigbannock nehmen Sie eine Tasse Mehl weniger als für den gewöhnlichen, dafür geben Sie eine Tasse Sauerteig dazu.

Wenn Sie öfter Bannock backen, besorgen Sie sich beim Bäcker Sauerteigstarter und versetzen Sie diesen zuhause mit einer Tasse Wasser und zwei Eßlöffeln Mehl. Nach zwei Tagen an einem warmen Ort ist der Sauerteig blasig und fertig zum Gebrauch. Die Menge, die Sie abnehmen, ersetzen Sie mit Wasser und Mehl.

Zutaten pro Person

- **2 Tassen Mehl**
- **1 Tl Backpulver**
- **½ Tl Salz**
- **1 El Fett oder Öl**
- **Wasser**
- **Fett zum Backen**

Mit der Gabel einige Male in den Bannock stechen, damit er besser aufgeht.

Pfirsich-Cobbler

Bei einem „Cobbler" handelt es sich um die Dutch-Oven Nachspeise schlechthin. Unglaublich einfach zu machen und ein Hit bei Kindern und Naschkatzen. Der Cobbler wird noch warm aus dem Dutch-Oven gelöffelt und mit Pfirsichlikör und Vanilleeis gegessen. Statt der Backmischung kann man auch zwei Tassen Mehl und zwei Eßlöffel Zucker, eine Prise Salz und einen Teelöffel Backpulver nehmen; statt der Pfirsiche Mischobst oder frische Früchte, die dann allerdings mit Zuckersirup übergossen werden müssen.

Zutaten

- **1 Backmischung Obstkuchen oder Mürbteig**
- **1 große Dose Tortenpfirsiche (geht auch mit Kirschen oder Mischobst)**
- **Brauner Zucker zum Bestreuen**
- **Butter**
- **Pfirsichlikör**

So wird's gemacht!

Den Inhalt einer Dose Pfirsiche in den Dutch-Oven gießen. Die Backmischung – so wie sie aus der Packung kommt – über die Pfirsiche verteilen. Auf keinen Fall umrühren, das geschieht später durch das „Blubbern" beim Kochen. Auf die Backmischung Butterflocken und Braunen Zucker streuen. Mit wenig Unter- und viel Oberhitze 15 bis 20 Minuten backen, bis die Oberfläche braun wird.

Die Pfirsiche in den Dutch-Oven füllen,

die trockene Backmischung darübergeben,

mit Butter und Zucker bestreuen …

… und backen.

Flammkuchen

In einen 16"-Dutch-Oven passen zwei Flammkuchen.

So wird's gemacht!

Flammkuchen sind ganz dünne Teigfladen, belegt mit Speck und Zwiebeln. Die Mengen variieren, je nachdem wie dünn man den Teig ausrollt und wieviele Flammkuchen man herstellt. Wichtig ist, daß der Flammkuchen einen sehr dünnen Boden und einen sparsamen Belag hat. Zum Backen wird der Flammkuchen in den extrem heißen Dutch-Oven gelegt – so viele Kohlenstücke auf den Deckel wie nur draufpassen.

Aus Hefe, lauwarmer Milch und Zucker einen Teig anrühren. Diesen mit allen anderen Zutaten, außer dem Wasser, mit dem Knethaken vermischen. Solange Wasser hinzugeben, bis sich der Teig von der Schüssel löst. Den Teig zu einer Kugel formen, mit Mehl bestäuben und in der Schüssel mit einem Handtuch abgedeckt eine Stunde gehen lassen, bis sich der Teig verdoppelt hat. Je nach Größe des Dutch-Oven Teigkugeln abnehmen und messerrückendick ausrollen, mit reichlich Mehl bestäuben und belegen. Für den Belag die Crème fraîche und den Topfen in einer Schüssel verquirlen und mit Salz und Pfeffer abschmecken. Einige Löffel von dieser Mischung auf dem Flammkuchen verteilen und Zwiebelringe und Speckwürfel darüberstreuen. Bei großer Hitze backen.

Zutaten für den Teig

- **500 g Mehl**
- **40 g frische Hefe**
- **1 Tl Zucker**
- **300 ml lauwarmes Wasser**
- **3 El Olivenöl**
- **2 Tl Salz**

für den Belag

- **2 Becher Crème fraîche**
- **1 Becher Topfen (Quark)**
- **Pfeffer und Salz**
- **250 g fein gewürfelter Räucherspeck**
- **3 Zwiebeln, in sehr feinen Ringen**

Brot, das gelingt

So wird's gemacht!

Nehmen Sie eine Brotmischung Ihrer Wahl (sehr gut ist Ciabatta oder Roggenbrot mit Hefe geeignet), die meist in 500-Gramm-Packungen verkauft werden. Bereiten Sie eine Packung nach Anweisung zu und lassen Sie diese einmal in der Schüssel 30 Minuten aufgehen. Dann kneten Sie den Teig kurz mit bemehlten Händen auf einer bemehlten Unterlage (um die schon entwickelten Blasen im Teig nicht zu zerstören) und formen eine Rolle. Diese schneiden Sie mit dem Messer quer in zwei gleich lange Stücke, diese wieder jeweils in zwei und nochmals in zwei, so daß Sie acht annähernd gleich große Teigstücke erhalten. Diese werden zu Kugeln geformt, dabei wenig kneten.

Um den Dutch-Oven zum Backen vorzubereiten, fetten Sie den Boden und die Wand und bemehlen den Boden. Dann setzen Sie die erste Teigkugel in die Mitte und die anderen sieben in gleichmäßigem Abstand herum. Die Kugeln sollen einander nicht berühren.

Um den Teig das zweitemal gehen zu lassen, setzen Sie den Deckel auf und legen vier Kohlen auf den Deckel. Der Teig muß meistens noch weitere 30–40 Minuten gehen, und dabei sollten Sie den Deckel alle paar Minuten etwas drehen, um die Wärme – nicht Hitze – gleichmäßig abzustrahlen.

Um das Brot zu backen, beheizen Sie den Dutch-Oven für 15 Minuten mit neun Kohlen von unten und 15 Kohlen auf dem Deckel. Dann werden vier der Kohlen für weitere 15 Minuten von unten entfernt und oben auf den Deckel gelegt. Danach müßte das Brot so weit sein, daß Sie die erste Backprobe versuchen können. Das Brot sollte eine goldgelbe bis dunkelbraune Oberfläche – je nach Sorte – aufweisen. Mit einer langen Gabel oder Stricknadel stechen Sie von oben bis auf den Boden des Dutch-Oven durch das Brot. Dabei erfühlt man die Dicke der Kruste, die Konsistenz des Teiges und die Dicke des Bodens, der leicht zum anbrennen neigt. Das Brot ist fertiggebacken, wenn Sie die Stricknadel wieder herausziehen und keine Teigstücke mehr daran kleben und wenn man auf das Brot klopft, muß es sich hohl anhören. Das fertige Brot läßt sich normalerweise leicht aus dem Dutch-Oven herausheben und sollte auf einem Rost auskühlen.

Vermischtes und Kurioses

Truthahn in der Tonne

Das traditionelle Gericht zum Erntedankfest in Amerika ist der Truthahn, der durch seine Größe eine Herausforderung für jede Hausfrau darstellt, da er in fast keinem Bratrohr Platz hat. Wenn Sie den Truthahn am offenen Feuer braten, haben Sie das Platzproblem nicht, denn es gibt einen einfachen Trick: Sie bauen sich einen Ofen aus einem großen Topf und heizen mit Grillbriketts.

Zutaten pro Person

- **500 g Truthahn**
- **Salz und Pfeffer nach Geschmack**
- **Geflügelgewürz**

So wird's gemacht!

Da es in Deutschland nicht die in Amerika üblichen Metallmülltonnen zu kaufen gibt, nehmen wir einen großen Einkochtopf oder ähnliches. Man kann auch abgesägte 30- oder 50-Liter Bierfässer aus rostfreiem Edelstahl dafür verwenden, die man für wenig Geld beim Schrotthändler bekommt.

Der Topf wird am Rand und auf dem Boden mit reichlich Grillbriketts beheizt.

Um den Puter zu befestigen, gibt es zwei Möglichkeiten. Am einfachsten ist es, den Erdboden mit Alufolie auszulegen und eine Dachlatte in der Mitte einzuschlagen. Dann wird der Puter auf die Dachlatte gesteckt. Oder der Puter wird in einen flachen Topf oder eine feuerfeste Form gelegt, so daß die Brust nach oben zeigt und schön braun werden kann. Den Topf muß man auf ein oder zwei Backsteine stellen.

Der Eimer wird über den Puter gestülpt und leicht in die Erde gedrückt. Mit zwei 3-kg-Säcken Grillkohle wird der Topf oben und an dem unteren Rand geheizt. Nach rund einer Stunde muß die Glut erneuert werden, indem man einfach weitere Kohlenstücke dazulegt. Nach anderthalb bis zwei Stunden ist der Puter so weich, daß das Fleisch von den Knochen fällt.

Der Aufbau, um einen Puter in der Tonne zu braten: Der Boden ist mit Alufolie ausgelegt, darauf ein in Alufolie eingewickelter Backstein, darauf der Puter in einer feuerfesten Form.

Erdofen nach Art der Schutztruppen

Beim Erdofen handelt es nicht um ein Rezept, sondern um eine Zubereitungsart. Die Schutztruppen in Deutsch-Südwest haben diese Art des Kochens berühmt gemacht. Man gibt in einen Bräter (Bratpfanne mit Deckel) gesalzenes und gepfeffertes Geflügel und Wild (ursprünglich Perlhühner und Kudufleisch), zusammen mit Zwiebeln und Kartoffeln sowie Wurzelgemüse. Fleisch und Gemüse sollten den Topf ziemlich ausfüllen. Die Zwischenräume werden bis zur Hälfte mit Wasser aufgefüllt. Dann wird der Topf in einem Erdofen versenkt.

Ein Erdofen ist ganz einfach zu bauen: Man gräbt ein Loch in die Erde, das dreimal so tief ist wie der Topf hoch und das rund um den Topf eine Handbreit Platz bietet. Darin unterhält man etwa zwei Stunden ein Feuer, bis reichlich Glut vorhanden ist. Mit einem Spaten wird die Hälfte der Glut herausgehoben, der Topf hineingestellt und mit der herausgehobenen Glut bedeckt. Dann wird die Grube mit dem Erdaushub abgedeckt und vier bis sechs Stunden sich selbst überlassen. Dann ist das Essen fertig, und es wird die Grube geöffnet und der Topf herausgehoben.

Das Gericht kann auch in einem alten Gänsebräter zubereitet werden. Dieser schließt aber nicht so dicht wie ein Dutch-Oven, und es kann Sand und Asche in das Essen gelangen, daher sollten Sie einen solchen Topf mit Alufolie abdecken.

Für diese Zubereitungsart eignet sich auch älteres Wild, weil durch die lange Garzeit das Fleisch auf jeden Fall zart und schmackhaft wird. In heimischen Revieren wird man auf Rehwild, Schwarzwild oder Rotwild zurückgreifen.

So wird's gemacht!

Sie können Wild oder Geflügel nehmen oder beides. Für dieses Rezept nehmen wir eine Gans. Zuerst die Gans pfeffern und salzen und mit dem Apfel füllen. Den Rotkohl in den Bräter geben und die Gans darauflegen. Sie müssen die Gans und den Rotkohl zusammen mindestens drei Stunden im Erdofen garen. Das Fett, das aus dem Vogel rinnt, verleiht dem Rotkohl seinen unnachahmlichen Geschmack.

Zutaten

- **1 Wild- oder Hausgans**
- **2 Dosen Rotkohl (Rotkraut)**
- **1 säuerlicher Apfel**
- **Pfeffer und Salz**

Zuerst schaufeln Sie ein Loch und passen die Bratpfanne ein …

… dann brennen Sie in dem Loch die dreifache Menge Holz ab, die in das Loch paßt.

Der Bräter kommt in die Glut.

Das Loch wird für drei Stunden verschlossen.

Schwein im Erdofen

Einen echten Erdofen zu bauen, ist eine ziemlich schweißtreibende Angelegenheit. Zum einen muß ein ausreichend großes Loch ausgehoben werden, zum anderen muß die dreifache Menge Holz, die in das Loch paßt, darin abgebrannt werden, um genug Hitze zu produzieren. Das Spanferkel sollte mit Zwiebeln und Gartenkräutern gefüllt werden. Damit das Fleisch keinen schlechten Geschmack bekommt, sollten Sie keine Nadelhölzer als Abdeckung verwenden. Das Schwein kommt auf reichlich Zweigen zu liegen und wird auch mit reichlich Zweigen abgedeckt. Dann kommen die ausgehobenen Grassoden und Erde darauf, bis man keinen Rauch mehr sieht. Ein Nachteil des Erdofens ist, daß man nicht zwischendurch „mal eben nachsehen" kann. Daher sollten Sie sich darauf einstellen, einige Partien, die nicht ganz durchgebraten sind, auf dem Grill oder in der Pfanne fertigzubraten. Besonders im Sommer ist das bei Schweinefleisch unbedingt notwendig.

Um das Schwein leichter handhaben zu können, wird ein Stück Drahtgeflecht (ohne Kunststoff!) mit vier langen Drähten gefertigt, worin das Schwein wie in einer Hängematte liegt.

Zutaten pro Person

- **1 kg Spanferkel**
- **Zwiebel und frische Küchenkräuter**
- **Pfeffer und Salz**

So wird's gemacht!

Eine ausreichend große Grube ausheben und die Grassoden daneben lagern.

In der Grube ein Feuer abbrennen: die dreifache Holzmenge, die in die Grube paßt.

Ist das Feuer zu einem Glutbett zusammengefallen, die Zweige zur Isolation bereitle-

Das fertig gewürzte und gefüllte Spanferkel mit Draht handlich verschnüren.

Das Schwein auf die grünen Zweige legen und mit Zweigen und Erde abdecken.

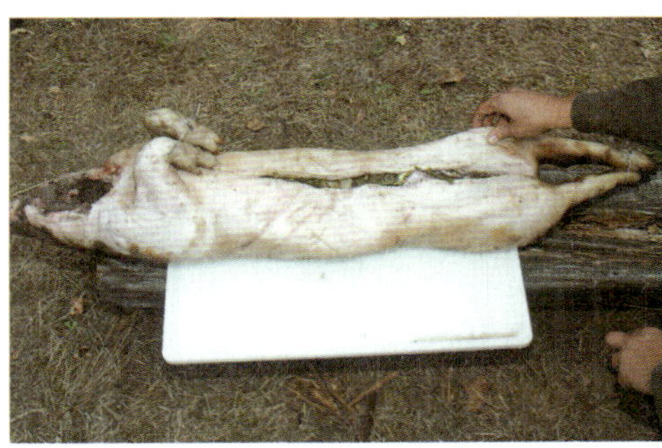

Nach sechs Stunden ist das Schwein gar und kann aus dem Erdofen genommen werden.

Huhn im „Lehmmantel"

Den richtigen Lehm in der richtigen Konsistenz für dieses Rezept zu bekommen, ist nicht leicht, daher nehmen wir Salzteig, der ganz einfach herzustellen ist. Ein Teil Salz wird mit zwei Teilen Mehl und Wasser vermischt, bis ein Teig entsteht, der nicht mehr an den Händen klebt. Dieser wird ausgerollt, um das Hähnchen gelegt, und die Ränder werden gut miteinander verknetet. Der Mantel – etwa einen Zentimeter dick – soll völlig dicht sein, damit das Huhn im eigenen Saft schmoren kann.

So wird's gemacht!

Mit den Händen wird vorsichtig die Haut an Brust, Rücken und den Keulen vom Fleisch gelöst und die Füllung aus Gewürzen, Zitronenschale, Butter, Salz, Knoblauch, feinen Zwiebelwürfeln und Zitronensaft zusammen mit Zitronenscheiben unter die Haut des Hähnchens geschoben. Die ausgepreßte Zitrone kommt direkt in die Brusthöhle. Aus den Teigzutaten einen festen Teig kneten und das Hähnchen einschlagen. Nach drei Stunden in der Glut ist das Hähnchen gar. Beim Öffnen der Hülle sollten Sie dicke Handschuhe tragen, da der entweichende Dampf sehr heiß ist. Sie können alternativ Lehm oder Ton nehmen, dann ist die Kugel aber steinhart und Sie benötigen einen Hammer.

Das saubere Brathähnchen wird unter der Haut gefüllt.

Die Füllung unter die Haut schieben und Zitronenscheiben darüberlegen.

Den Salzteig – alternativ Lehm oder Ton – kneten.

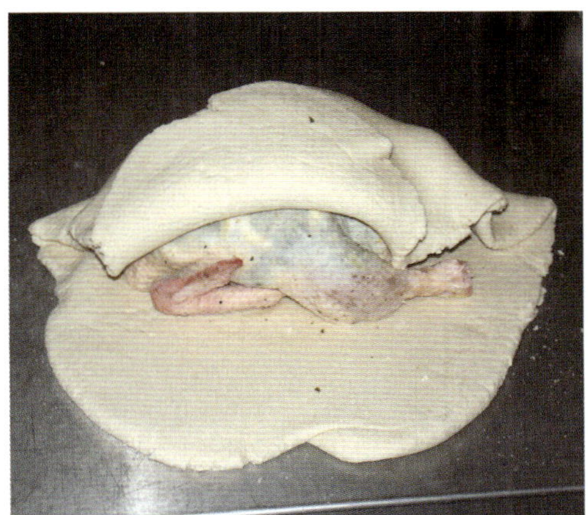

Das Hähnchen in den Teig einschlagen.

Zutaten für 1 Brathuhn (ca. 1.500g)

Füllung

- 1 Zitrone in Scheiben geschnitten
- 1 Zitrone, Schale abgerieben, ausgepreßt
- 1 El Butter
- 1 Zwiebel, würfelig geschnitten
- Pfeffer und Salz
- 2 Champignons, würfelig geschnitten
- 1 Knoblauchzehe, durchgepreßt
- reichlich Küchenkräuter (Petersilie, Majoran, Thymian)

Teig

- 1 kg Mehl
- 500 g Salz
- Wasser

Das Hähnchen soll völlig vom Teig umgeben und dicht abgeschlossen sein.

Auf der Glut wird die Kugel mit dem Hähnchen rund drei Stunden gegart.

Am Ende ist die Kugel schwarz und hart.

Das Hähnchen ist zart und saftig.

Lagerfeuerkaffee

So wird's gemacht!

Zu einem guten Frühstück gehört ein guter Kaffee, so wie ihn die Cowboys trinken. Dieser Kaffee braucht auch nicht gefiltert zu werden, da die grob gemahlenen Kaffeebohnen sich absetzen, wenn man in die brodelndheiße Kanne eine halbe Tasse kaltes Wasser gießt.

Die Kanne mit Wasser füllen (höchstens bis unter den Anfang des Ausgießers) und das abgemessene Kaffeepulver dazugeben. Auf dem Lagerfeuer aufkochen lassen. Dann vom Feuer nehmen und eine halbe Tasse kaltes Wasser dazugeben, damit sich das Pulver absetzt. In Becher füllen und genießen.

Die Kanne stellt man, mit dem Henkel vom Feuer abgewandt, an den Rand des Lagerfeuers. Dadurch bleibt der Henkel kühl, der Kaffee durch die Strahlungshitze des Feuers heiß. Vorsicht beim Eingießen! Ist die Kanne nur halb voll und die Vorderseite sehr heiß, dann schießt der Kaffee weit aus der Kanne heraus! Sollte der Kaffee mit der Zeit bitter schmecken, dann gießt man wieder etwas kaltes Wasser dazu, um die verdampfte Flüssigkeit zu ersetzen.

Zutaten

- **pro Tasse Wasser 2 Tl Kaffeepulver**

Feldküchen-Rezepte

Besonderheiten der Feldküche

Das Kochen für viele Personen am offenen Feuer und in der Feldküche stellt besonders hohe Anforderungen an den Lagerfeuerkoch. Schon bei der Auswahl der Rezepte muß man auf die eingeschränkten Möglichkeiten beim Kochen Rücksicht nehmen. Für die Verpflegung von rund 50 Personen braucht man einen Kessel mit 30 Liter Inhalt. Das Ausgeben der Portionen an 50 Personen dauert schon sehr lange, so daß bei mehr Personen eine zweite Ausgabestelle eingerichtet werden sollte. Auch ist ein Topf mit 25 Liter heißer Erbsensuppe von einer Person alleine nicht mehr sicher zu bewegen.

Kaufen Sie Emaillegeschirr für die Bewirtung Ihrer Gäste aus der Feldküche, das sieht gut aus und ist praktisch.

Pro Person rechnet man mit 400 ml Suppe, bei hungrigen Jägern oder Wanderern kann man durchaus mit 750 ml rechnen. Aus einem 30-Liter-Kessel, der nur mit 25 Liter gefüllt werden kann, erhält man daher 33–62 Mahlzeiten. Wenn Sie die Suppe mit Wurst anreichern wollen, dann schneiden Sie die Wurst in Scheiben, so läßt sie sich einfacher essen.

Um einen Topf mit 25 Liter Wasser zum Kochen zu bringen, benötigt man mindestens eine halbe Stunde. Sie sollten den Kessel mit Grillbriketts oder Holzkohle heizen, das ist sehr sauber und gibt eine gleichmäßige Hitze über längere Zeit, wie es für das Kochen von Suppen notwendig ist.

Wer einen Hockerkocher mit Gasheizung hat, kann ihn unterstellen, auch wenn das nicht so stilecht ist. Um die Höhe zwischen Topf und Feuer zu verändern, stellen Sie die Beine des Dreibeins näher an das Feuer oder weiter weg.

So hängt der Kessel höher oder tiefer. Ein Verlängern der Kette ist nur schlecht möglich, da der Kessel über dem heißen Feuer und mit einem Gewicht von 30 kg fast nicht zu bewegen ist.

Haben Sie die Absicht, sich öfter als Lagerfeuerkoch zu betätigen, dann können Sie Ihren Gästen eine Freude machen und das Essen nicht auf Plastik- oder Papptellern servieren, sondern auf emaillierten Blechtellern, die man auch leichter in der Hand halten kann. Werden dazu noch normale Löffel verwendet, wird das Essen im Freien zu einem wahren Genuß.

Gulaschsuppe

Im Topf das Öl erhitzen und die würfelig geschnittenen Zwiebeln anbraten. Dazu die Tomaten und das Tomatenmark geben. Wasser dazugeben und aufkochen lassen. Dann das in mundgerechte Stücke geschnittene Fleisch dazugeben und 1 ½ Stunden kochen lassen.

Die würfelig geschnittenen Kartoffeln dazugeben und eine weitere halbe Stunde kochen lassen. Den ebenfalls würfelig geschnittenen Paprika dazugeben alles aufkochen lassen, dann abschmecken.
Wer Zeit hat, der kann das Fleisch in der Pfanne portionsweise anbraten und dann erst in die Suppe legen.

Zutaten
für 50 Portionen

- **5 kg Rindfleisch**
- **4 kg geschälte Kartoffeln**
- **3 kg Zwiebeln**
- **10 rote Paprika**
- **2 große Tuben Tomatenmark**
- **5 große Dosen geschälte Tomaten**
- **5 Tl Salz**
- **1 Tl Pfeffer**
- **Paprikapulver nach Geschmack**
- **2 Tassen Öl**
- **12 l Wasser**

Erbseneintopf

Die Erbsen am Vorabend in den Kessel geben und mit reichlich Wasser einweichen. Am nächsten Tag den Kessel mit den Erbsen zum Kochen bringen. Das in mundgerechte Stücke geschnittene Fleisch nach dem ersten Aufkochen dazugeben. Salzen und pfeffern und 1 ½ Stunden kochen lassen. Dann die würfelig geschnittenen Kartoffeln dazugeben und eine halbe Stunde mitkochen lassen.

Den Speck und das Gemüse würfelig schneiden. In einer Pfanne zuerst den Speck auslassen, dann die Zwiebeln und danach das Gemüse andünsten. Das angedünstete Gemüse in die Suppe geben und eine weitere halbe Stunde kochen lassen.

Zutaten
für 50 Portionen

- **4 kg getrocknete Erbsen**
- **4 kg Schweinefleisch (Schulter)**
- **3 kg geschälte Kartoffeln**
- **500 g Zwiebeln**
- **500 g Sellerie**
- **500 g Lauch**
- **500 g Rippenspeck**
- **5 Tl Salz**
- **1 Tl Pfeffer**
- **2 Tl Majoran**
- **15 l Wasser**